Mütter vieler Völker

Ohne Frauen geht nichts

AF194340

Brigitte Welters

Mütter vieler Völker

Ohne Frauen geht nichts

Bibliografische Information der Deutschen Nationalbibliothek:
Die Deutsche Nationalbibliothek verzeichnet diese Publikation in der
Deutschen Nationalbibliografie; detaillierte bibliografische Daten sind
im Internet über http://dnb.dnb.de abrufbar.

© 2022 Brigitte Welters

Covergestaltung: Laura Kister

Herausgeber: Laura Kister

Herstellung und Verlag: BoD – Books on Demand, Norderstedt

ISBN: 978-3-7568-3225-5

INHALT

Wissen und Glaube

Für den von Gott mit Geist und Verstand geschaffenen vernünftigen Menschen stehen Wissen und Glaube nebeneinander. Gegensätzlich sind Gewissheit und Fürwahrhalten. Glaube ist eine Gabe Gottes und vertraut auf das Wissen.

Als Wissen werden alle Erkenntnisse bezeichnet, die sich aus der Forschung ergeben und bisher Unbekanntes erklären. Glaube ist die Überzeugung von der Richtigkeit eines Sachverhalts und beruht auf Vertrauen. Der Glaube hat wenig zu tun mit dem Zeitwort glauben, das oft nur vermuten bedeutet.

Wissenschaft geht methodisch vor, verfolgt eine Theorie im folgerichtigen Ablauf ohne Zwischenschaltung von Zufällen. Auch Gottes Entscheidungen sind logisch. Er selbst ist Logos, das Wort, die

Vernunft. Die Forschung bringt häufig neue Ergebnisse, die bisheriges Wissen nicht nur ergänzen, sondern als falsch entlarven. Ein abschließendes Wissen über die Entstehungsgeschichte der Welt gibt es nicht. Völlig unwissenschaftlich wird deshalb von Zufällen gesprochen, um nicht Gott zu erwähnen.

Glaube und Wissen behindern sich nicht und stehen nicht gegeneinander. Beide suchen die Wahrheit. Sie umfasst die Wirklichkeit der sichtbaren und der unsichtbaren Welt mit direkter Anbindung an Gott. Der Glaube ist deshalb dem Wissen in manchen Dingen einen Schritt voraus.

Was aus irgendwelchen Gründen geheim gehalten wird oder werden muss, und alles, was der Verstand nicht erklären kann, gilt als Geheimnis. Dazu gehört die Liebe, nicht nur die Liebe Gottes. Sie tritt unabhängig von der Erkenntnis der Wahrheit auf und vertraut. Sie steht über Wissen und Glaube.

Die Religionen, auch die christlichen, sprechen gern von Geheimnissen des Glaubens, die geglaubt werden müssen. Das ist nicht biblisch. Wir haben Erkenntnis. In seinem letzten Angebot an seine Kinder offenbarte Gott sich selbst, seine Liebe und Wahrheit. Darüber hinaus gibt es nichts, das der Mensch glauben oder wissen müsste für Zeit und Ewigkeit.

ALLGEMEINER ÜBERBLICK

Nichts – All – Erde

Vor Milliarden Jahren soll es geschehen sein.
Das Nichts explodierte mit hellem Schein.
Vorher war es finster. Nach dem großen Knall
war aus dem Nichts geworden das All.

Es gab damals weder Raum noch Zeit,
ausschließlich nur die Ewigkeit.
Gottes Geist schwebte über allem her
und das Chaos störte ihn sehr.

Er ordnete es und sprach: Es werde!
Da entstanden Himmel und Erde.
Tote Materie langweilt noch mehr,
so sprach noch einmal der Herr.

»Auf einem Stern muss es etwas geben,
das sich verändert. Ich nenne es Leben.
Ich denke da an verschiedene Arten,
die leben mit mir in einem Garten.«

So schuf Gott lebendige Natur
und setzte ein Menschenpaar in die Flur.
Er legte in alle seinen Samen
und versiegelte es mit Amen.

Wie sie sich verhielten, war Gott nicht neu.
Er blieb sich und seinem Worte treu.
Er wollte niemanden manipulieren.
Doch es tut weh, ein Kind zu verlieren.

Als sie sich entfernten von seiner Weide,
hatte er daran keine Freude.
Doch jeder darf sich frei entscheiden,
führt es oft auch zu großen Leiden.

Gott möchte seine Kinder begleiten.
Wenn sie es wollen, wird er sie leiten
nach seinen Plänen auf seinen Wegen.
Dann wandern sie dem Licht entgegen.

Menschen

Wie das Leben entstand, konnte bisher kein Wissenschaftler herausfinden, egal, wie weit sie ins All und in die Vergangenheit vordringen. Es gibt nur eine Erklärung: Es war Gott, der den Anstoß gab, das Chaos nach dem Urknall ordnete und die biologische Fortpflanzung in Gang setzte. Da ihm Vielfalt in der Polarität wichtig ist, ließ er die Existenz seines Widersachers zu. Sonst würde es keine Entscheidungsmöglichkeit geben.

Alles, was einen Anfang hat, hat ein Ende, auch die geschaffene Welt und unsere Zeit. Ohne Anfang und ohne Ende umschließt die Ewigkeit alle Zeiten und was in ihnen geschieht. Gott steht über allem. Doch er ist kein Diktator. Er legte den Grundstein und säte den Samen. Nun darf sich alles frei entwickeln.

Gott schuf den Menschen nach seinem Bilde aus Erde und schenkte ihm das Leben. Indem er ihm seinen Odem durch die Nase blies, erhielt der Mensch einen kleinen Teil der göttlichen Geisteskraft. So ist der Mensch mit seinem Lebensraum Erde und seinem himmlischen Vater verbunden. Mit dem ersten Atemzug tritt er in die sichtbare Welt ein und verlässt sie mit dem letzten Atemzug. Diese Zeit wurde uns gegeben, die Erde zu nutzen und zu bewahren.

Der Mensch ist das höchstentwickelte Lebewesen auf der Erde und unterscheidet sich von allen Kreaturen durch einen wachen, kritischen Geist. Der befähigt ihn, gut und böse zu unterscheiden, Wahrheit und Lüge. Mit ihren Sprachen können Menschen nicht nur Dinge benennen, sondern auch ihren Gedanken Ausdruck verleihen. Außerdem haben sie eine unantastbare Würde, wie es im Grundgesetz heißt.

Da alles der Polarität unterliegt, teilte Gott sein Geschöpf in Mensch und Menschin. Nur beide gemeinsam sind in der Lage, neues Leben in die Welt zu bringen, um sie zu bevölkern. Obwohl mit einigen Tieren eine gewisse Ähnlichkeit besteht, können Menschen und Tiere keine fruchtbare Lebensgemeinschaft miteinander eingehen. Doch sie sind unsere

Mitgeschöpfe und wurden uns anvertraut. Wir brauchen sie allerdings mehr als sie uns.

Gott ist weder männlich noch weiblich und keine Person im menschlichen Sinne. Er sieht sich selbst als Vater, aber auch als Mutter, die ihre Kinder trägt und tröstet, und wie eine Henne, die ihren Küken unter ihren Flügeln Schutz gewährt. In verschiedenen Psalmen wird die Zuflucht vor Verfolgung und Unglück unter dem Schatten der Flügel Gottes bejubelt. Egal, in welcher Rolle er auftritt, er ist immer derselbe.

Gott ist einmalig und einzig, **einer** in Dreieinigkeit. Das Wort Dreieinigkeit, Dreifaltigkeit oder Trinität wird in der Bibel nicht erwähnt. Es ist das Zentraldogma der offiziellen Glaubenslehre der Kirche. Angeblich handelt es sich dabei um drei Personen, die zusammen ein einziger Gott sind. Das führt zu Irritationen und Widersprüchen. Selbst Theologen können es nicht erklären. So wurde es zum Glaubensgeheimnis erhoben. Das passt als Religion, ist aber nicht richtig. Gottes Vollkommenheit in der Dreieinigkeit ist wie ein lebender Mensch.

Da Gott den Menschen nach seinem Bilde schuf, sein Leben aber endlich ist, ist die Erklärung der Dreieinigkeit ganz einfach. Der menschliche Körper ist vergänglich und stirbt, wenn die Seele, also das Leben, die Erde verlässt. Die Werke des unsichtbaren Geistes bleiben erhalten. Körperlich sichtbar war Gott vorübergehend in seinem Sohn bis er in die Ewigkeit heimkehrte. Gott-Vater und die heilige Geistkraft waren und blieben immer unsichtbar.

Jesus erklärte der Frau am Jakobsbrunnen, Gott sei Geist und müsse deshalb im Geist und in der Wahrheit angebetet werden. Er selbst nannte sich die Wahrheit. Auch für die Gelehrten seiner Zeit sprach er zuweilen in Rätseln, wurde aber von den einfachen Leuten verstanden. Er dankte seinem Vater im Gebet, dass er den Weisen und Klugen verborgen habe, was er den Unmündigen offenbare, und bezeichnete Kinder als Vorbild.

Von sich selbst sagte Jesus, er und der Vater seien eins, wer ihn sehe, sehe den Vater. Er sprach auch davon, er sei schon bei der Schöpfung dabei gewesen und auch Abraham habe ihn gekannt. Johannes nannte ihn in seinem Evangelium das Fleisch gewordene Wort Gottes.

Auch der Heilige Geist begegnet uns schon in der Schöpfungsgeschichte. Nach den Aussagen der Sprüche in der Bibel war es Frau Weisheit, die als Gottes Geist über der Urflut schwebte und als Gottes Werkmeisterin wirkte. Gottes Geist ist also weiblich.

Alle drei gehören zusammen. Das machte Jesus in seinen Abschiedsworten deutlich. Er forderte seine Nachfolger auf, sein Wort in der ganzen Welt zu verkünden und die gläubig gewordenen **im Namen des Vaters, des Sohnes und des Heiligen Geistes** zu taufen.

Er sprach von Strömen lebendigen Wassers, die von ihm ausgehen und in jedem zur Quelle werden können. Notwendig sei die Wiedergeburt durch Wasser und Geist. Wer sich bewusst für die Gotteskindschaft entscheidet und Jesus in sich aufnimmt, wird im unsichtbaren Teil seines Menschseins erneuert und vereinigt sich mit der göttlichen Dreieinigkeit. Dazu ergänzte der Apostel Johannes in seinem ersten Brief, wichtig sei das Blut Christi. Geist, Wasser und Blut, diese drei seien eins.

Die Vielseitigkeit der Wesensart und gleichzeitig Einzigartigkeit jedes Menschen führt in der Wahrnehmung Einzelner von je her zu Misstrauen und Angst. Nicht jeder sucht ein Gegenüber zwecks Paarung oder möchte mit anderen zusammenleben. Zu allen Zeiten entstanden durch persönliche Eigenheiten Missverständnisse, Spannungen und ungerechte Wertungen. Gewisse Regeln sind erforderlich, ohne die Freiheit einzuschränken. Allerdings kann niemand sein Geschlecht selbst bestimmen.

Die Bezeichnung **der** Mensch umfasst trotz des männlichen Artikels alle Geschlechterrollen. Das wird heute bestritten. Bedenklich wird es, wenn die freie Meinungsäußerung bekämpft wird, sogar an Schulen und höheren Lehranstalten. Es wurde deshalb bereits das »Netzwerk Wissenschaftsfreiheit« gegründet.

Biologisch gesehen gibt es nur zwei Geschlechter, die zur Fortpflanzung erforderlich sind. Wir nennen sie männlich und weiblich. Für Soziologen ist das Geschlecht so individuell wie die Menschen überhaupt.

Das führt natürlich zur Begriffsverwirrung, darf aber nicht die Verständlichkeit der Sprache beeinflussen. Auch biologisch gesehen gibt es Intersexualität, eine seltene Mutation oder eine Entwicklungsstörung. Es ist keine Krankheit, die behandelt werden müsste, und sollte nicht tabuisiert werden. Es gibt keinen Grund, hiervon betroffene Menschen abzuwerten oder auszuschließen. Dieses Anderssein zu einer Weltanschauung zu machen und in den Mittelpunkt zu stellen, geht an der Wirklichkeit vorbei. Es wird kriminell, wenn Kinder und Jugendliche dahingehend beeinflusst werden, ihr Leben lang Hormone zu schlucken und Operationen vornehmen zu lassen.

Auch eine Gruppenbildung in homo, lesbisch, bisexuell, trans, queer oder was auch immer, schadet allen. Gefordert wird von ihnen die Förderung der Akzeptanz geschlechtlicher Vielfalt. Gleichzeitig gibt es Diskriminierung untereinander, sodass durch Genderismus ein neuer Sexismus gefördert wird. Insbesondere einige Queer-Feministinnen bringen den guten Kampf aller Frauen gegen Benachteiligungen in der Männergesellschaft in Verruf.

Die tatsächliche Akzeptanz aller Geschlechterrollen ohne irgendwelche Einschränkungen würde jedes Problem lösen. Jeden Menschen als gleich wertvoll zu achten, ohne ihn zu verurteilen, wenn er sich anders fühlt ist keine falsche Gleichmacherei. Aussehen und Wesen von zwei Menschen werden niemals gleich sein. Jeder ist ein eigenständiges Einzelwesen, aber allen anderen gleichwertig. Mensch ist Mensch, egal in welcher Erscheinungs- oder Wesensart.

Die Unterschiedlichkeit der Menschen bedeutet auch bei Gott keine Wertigkeit. Wie die Biologen richtig erkannten, dient die Unterscheidung Mann und Frau ausschließlich der Fortpflanzung. Einer allein kann sich nicht vermehren, egal, als was er sich fühlt. Nur diejenigen, die ein Kind haben wollen, müssen wissen, ob das mit dem auserkorenen Partner möglich ist. Im übrigen ist es egal, mit wem man befreundet ist oder zusammen arbeitet.

Als höchstes erschaffenes Wesen war der Mensch von Beginn an unzufrieden. In Genesis Kapitel 3, Vers 5 finden wir den Schlüsselsatz dazu. »Ihr werdet sein wie Gott und erkennt gut und böse«, sagte Gottes Widersacher. Also suchte der Mensch im Gegenüber das

Böse, um sich selbst als gut darüber zu erheben. Es ist schwer, mit der Verantwortung der eigenen Handlungen leben zu müssen. Zu sein wie Gott klingt verlockend, und besonders Adam fühlte sich herausgefordert.

Schon bald glaubten Männer als Gottes zuerst geschaffenes Ebenbild zum Herrschen berufen zu sein, am besten einer über alle. Sie stellten Abbilder von sich oder angeblichen Göttern her, die angebetet werden mussten und denen zu opfern war. Bald schränkten Religionen die Freiheit aller Menschen bis ins Kleinste ein.

Die Versorgung der Kinder wurde den Frauen zugewiesen, die sie geboren haben. Dadurch hatten sie weniger Zeit für andere Dinge, für die sie angeblich ohnehin ungeeignet sind. So konnte man sie besser unterdrücken. Gott sah das völlig anders. Die Fähigkeit, Mutter werden zu können, stellt die Frau nicht unter den Mann. Es war schließlich seine Mutter, die ihm das Leben schenkte und ihn aufzog. Frauen sind nicht auf diese eine Rolle festgelegt, wie die folgenden drei Beispiele zeigen.

In einer ausweglos erscheinenden Lage seines auserwählten Volkes setzte Gott **Debora** Lapidot, eine verheiratete Frau, als Richterin ein. Im Kampf gegen das feindliche Heer ließ er den flüchtenden Feldherrn durch die Ehefrau **Jael** Heber hinterlistig töten, wodurch der Krieg siegreich beendet wurde. Viele Jahre später, nach der Deportation Israels, war es das Mädchen **Esther**, das Gott an die Seite des feindlichen Königs setzte, damit sie als Königin ihr Volk rette. Immer sind es Frauen, in denen Gott ein brauchbares Werkzeug in seiner Hand sieht. Die Probleme in der Welt entstehen in erster Linie durch Männer.

Gott ist allwissend und wurde durch diese menschliche Entwicklung nicht überrascht. Er wusste von Anfang an, dass er zur Verhinderung einer zu schnellen Zerstörung seiner Schöpfung hin und wieder eingreifen musste, und **er tat es mit Hilfe von Frauen**.

Lebensschutz

Jedes Leben ist schützenswert, von der Zeugung bis zum letzten Atemzug. Zur Zeit treibt der Lebensschutz seltsame Blüten. Frauen kämpfen für ein angebliches Recht auf Abtreibung und nennen es Frauenrecht. »Lebensschützer« bekämpfen sie als Mörderinnen. Beide scheinen mit ihren Argumenten Recht zu haben.

Genau genommen geht es um das Recht auf Gleichstellung aller Menschen gegen den Anspruch der Männer auf Alleinherrschaft. Ihre Furcht vor Überlegenheit der Frauen führte zur Festlegung der Rollenbilder. Es macht Männern Angst, dass auf allen Gebieten wieder daran gerüttelt wird. Wer Macht hat, gibt sie nicht freiwillig ab.

Ärzte sollen Leben retten und dürfen keine Sterbehilfe leisten. In Ländern mit absolutem Abtreibungsverbot geraten sie deshalb in Gewissenskonflikte, wenn eine Schwangere dringend einer lebensrettenden Operation bedarf und das Risiko groß ist, auch der Fötus könnte dadurch abgetötet werden. Man verschiebt also die Operation und nimmt in Kauf, dass beide hilflos sterben oder Dauerschäden davontragen.

Auch bei uns haben Ärzte Angst, Schwangeren zu helfen. Abtreibungen sind immer noch strafbar und »Lebensschützer« können sehr brutal vorgehen. Es gibt für Frauen jedoch ausweglose Situationen. Deshalb wurde die Strafbarkeit einer unabwendbar nötigen Abtreibung in den ersten Wochen aufgehoben, wenn die Frau sich vorher ausreichend informieren und beraten lässt. Der Eingriff bleibt trotzdem illegal. So eine widersprüchliche Regelung ist einmalig und stellt weder Rechtssicherheit her, noch kann sie Leben schützen, zumal kein Arzt verpflichtet ist, den Eingriff vorzunehmen. Die meisten sind dafür auch nie ausgebildet worden.

Leichtfertige junge Leute hat es immer gegeben. Das führte früher zu Muss-Ehen oder heimlichen Abtreibungen bei »Engelmacherinnen« mit oft schlimmen Folgen für das junge Mädchen. Damals waren sie gar nicht, heute vielleicht falsch aufgeklärt. Es muss für Mädchen und Jungen eindeutig sein: Abtreibung ist kein Verhütungsmittel.

Lebensschutz für Ungeborene darf nicht zur Bestrafung verzweifelter Frauen führen. Für sie sollte es genügend Anlauf- und Hilfsstellen geben, um ihnen mit verschiedenen Angeboten zu helfen. Keine Frau geht sorglos mit dem Abbruch einer Schwangerschaft um, auch wenn die lautstarken Demonstrationen dies vermuten lassen. Die zur Zeit in vielen Teilen der Welt geführten Kämpfe gegen die Verweigerung oder Strafbarkeit von Abtreibungen beziehen sich auf die Rechtlosigkeit der Frauen gegenüber männlichen Forderungen.

Frauen sind keine Gebärmaschinen, um einen Bevölkerungsrückgang zu verhindern, und schon gar nicht Spielzeug für männliche Triebbefriedigung. Die gezeugten Kinder sind trotzdem keine Wegwerfartikel.

Schon das werdende Leben hat eine göttliche Würde und steht unter Gottes Schutz, wie sich seinen Geboten leicht entnehmen lässt. Deren

Grundgedanken sind Ehrlichkeit, Achtung der Menschenwürde, Verantwortung und über allem Liebe. Sexualität wurde den Menschen wie allen Lebewesen gegeben mit dem Auftrag: »Seid fruchtbar und mehret euch.« Sie bekamen aber auch die Möglichkeit der freien Entscheidung. Ein Kind braucht Geborgenheit und Liebe, um gesund aufzuwachsen. Darüber sollten sich die Eltern vor der Zeugung klar sein. Lebensschutz fängt bei Beginn der Schwangerschaft an, darf aber nicht mit der Geburt aufhören. Mann und Frau sind gemeinsam für ihr Tun verantwortlich. Ein Mann kann zwar nicht schwanger werden, doch die Frau nicht ohne seinen Samen.

Männer schoben schon vor langer Zeit die alleinige Verantwortung für eine Schwangerschaft den Frauen zu und gaben sich selbst alle Rechte über sie. Selbstherrlich benannten sie die Frau als zur Sünde geboren und versklaven sie auch heute noch in der Prostitution, weil der Mann das angeblich braucht. Dass sie selbst die Sünder sind, kam ihnen nie in den Sinn. Der Islam fordert die absolute Verschleierung der Mädchen und Frauen in der Öffentlichkeit, um nicht das Begehren des Mannes zu wecken. Welch Armutszeugnis stellen sich Männer damit selbst aus, wenn sie nicht einmal ihr eigenes Verhalten im Griff haben. Gott warnte schon Kain vor der Sünde, die wie ein Dämon vor der Tür lauert, und forderte, über sie zu herrschen, über die Sünde, nicht über die Frau!

Männer erkannten schnell, dass sie mit ihrem Geschlechtstrieb Macht ausüben und ihn sogar als Kriegswaffe benutzen können. Da Frauen als Eigentum der Männer galten, wurden sie durch Vergewaltigung unbrauchbar gemacht. Dadurch wurde der ganze Stamm geschwächt. Frauen hatten und haben wenig Möglichkeiten, sich dagegen zu wehren.

Mägde waren ihren Herren früher hilflos ausgeliefert, und eine Schwangerschaft führte sie in die Katastrophe. Aus der Gesellschaft wurden sie verstoßen und das »Kind der Sünde« war rechtlos. Verständlich, dass Frauen nach Möglichkeiten suchten, die Geburt eines solchen Kindes zu verhindern. Schuld und Verantwortung des Mannes blieben bis heute ausgeklammert. Mord war schon immer strafbar, also auch Kindesmord. So kam die Tötung der Leibesfrucht ins Strafgesetzbuch. Es war ja nur eine Frauensache.

Inzwischen ist ein nichteheliches Kind zwar keine Schande mehr und hat gesetzlich dasselbe Lebensrecht wie ein ehelich geborenes. Vergewaltigung und ungewollte Schwangerschaften gibt es immer noch. Die Strafbarkeit der Abtreibung trifft allein die Frau, nicht ebenso den Mann, der sie geschwängert hat und sie vielleicht sogar zur Abtreibung drängt. Er hat nur sein Recht ausgeübt, seinen Trieb zu befriedigen. Für die Folgen ist nach wie vor die Frau allein verantwortlich. Verständlich, dass sie ein »Recht« einfordert, wo ihr einseitig eine Pflicht auferlegt wird.

Auch ungewollt gezeugte Kinder sind Geschöpfe Gottes, die ein Recht auf Leben haben. Geholfen werden muss jeder Mutter, die mit ihrer Situation nicht fertig wird. Doch Staat und Gesellschaft geben ihr nach wie vor die alleinige Verantwortung und bestrafen sie, wenn sie in ihrer Verzweiflung keinen Ausweg sieht.

Der Rechtsverstoß liegt in der unterschiedlichen Behandlung von Männern und Frauen. Gemeint ist kein Recht auf beliebigen Geschlechtsverkehr mit anschließender Abtreibung. Das wünscht sich niemand. Die Schwangere darf aber nicht deshalb allein gelassen werden, weil der Mann sich seiner Verantwortung straflos entzieht oder die Frau missbraucht hat.

Die Empörung der »Lebensschützer« ist in diesem Fall absurd und scheinheilig. Männliche Übergriffigkeit und Missbrauch haben auch vor den Geistlichen in Kirchen nicht Halt gemacht und führten jetzt zu weltweiter Empörung; leider nicht zum Umdenken. Die Macht des Stärkeren zeigt sich weiter in allen Gesellschaftsschichten und führt vermehrt zu Frauenmorden, die nicht als solche bezeichnet und geahndet werden. Lebensschutz? Wen interessiert der, wenn das Kind geboren ist?

Echte Lebensschützer versuchen seit Jahren, durch Babyklappen und anonyme Geburten zu helfen. Darüber hört man in der Öffentlichkeit kaum noch etwas. Die Rettung nicht erwünschter Kinder könnte dazu beitragen, illegale Adoptionen im Ausland zu verhindern.

Es gibt unzählige Paare, die sich dringend ein Kind wünschen und als letzten Weg die künstliche Befruchtung oder die Hilfe einer Leihmutter sehen. Oft werden auch Samen- und Ei-Spenden dazu gebraucht.

Das Recht des Kindes, seine Abstammung zu kennen, wird dadurch erheblich erschwert.

Doch wesentlich schlimmer ist die Missachtung des Menschenrechts der Frauen. Ei-Spenden sind sehr viel schwieriger zu entnehmen als Samenspenden und beeinträchtigen oft die Gesundheit der Spenderin. Auch für die Leihmutter ist es eine körperliche und seelische Belastung, neun Monate lang ein Kind auszutragen und unter Schmerzen zu gebären, um es dann abzugeben. Das Argument, Leihmütter und Ei-Spenderinnen würden sich freiwillig zur Verfügung stellen, zieht hier ebenso wenig wie bei Prostituierten. Es stecken immer ein Zwang und eine besondere Notlage dahinter. Das Europäische Parlament forderte die Mitgliedstaaten deshalb auf, gegen Kinderkauf und gegen Menschenhandel vorzugehen. Vielfach wird beides nicht ernst genommen.

Die Freigabe des ungewollten Kindes zur Adoption ist nicht die einzige Hilfsmöglichkeit. In den meisten Fällen kann vermutlich eine Änderung in den Familienverhältnissen durch menschliche und finanzielle Unterstützung dazu führen, dass Mutter und Kind miteinander leben können.

Frauen sind keine Gebrauchsgegenstände und nicht verpflichtet, Kinder zu gebären. Gott gab ihnen nur die Fähigkeit dazu. Für ihren Wert ist es belanglos. Kinder sind weder Statussymbol noch Kitt für eine zerbröselnde Ehe. Sie haben von der Zeugung an die von Gott gegebene Würde und alle Menschenrechte, die ihnen aber selten zuerkannt werden. Selbst Eltern, die behaupten, ihre Kinder zu lieben, sehen sie als Eigentum und machen sie zu Streitobjekten, vor allem dann, wenn das Paar auseinander geht. Was das Kind dabei fühlt, interessiert nicht. Seit kurzem wird öffentlich über Kinderrechte gesprochen. Sie gehören zu den Grundrechten der Menschen und sollen als solche festgeschrieben werden. Gebraucht werden aber weniger Vorschriften, sondern mehr Taten im Sinne der Schöpfung.

Jesus wandte sich gegen seine Begleiter, als sie Kinder vertreiben wollten. Beim Streit über Machtverhältnisse stellte er ein Kind in den Mittelpunkt. Wer der Größte sein wolle, müsse werden wie ein Kind, sagte er.

Die Sackgasse

Viele Jahrtausende sind vergangen im Auf und Ab der Entwicklung der Schöpfung. Die unsichtbaren Kräfte der Natur gehörten sehr lange nur Gott und waren den Menschen nicht zugänglich, wie sie meinten. Doch Gott hat die Forschung nicht ausgeschlossen, als er die Erde den Menschen übergab. Aber auch die Christen hatten es nicht begriffen, und jeder Versuch, ein Geheimnis zu lüften, galt als teuflisch und wurde entsprechend bestraft. Erst nach dem 16. Jahrhundert änderte es sich langsam. Die Bevölkerung erhielt durch die Reformation Zugang zur Bibel und zu Bildungsmöglichkeiten. Wer lesen und sich vom Aberglauben lösen konnte, erkannte die christliche Freiheit.

Etwa ab dem 18. Jahrhundert erwachte der Forschergeist und entwickelte sich zur vollen Blüte. Mit der Beherrschung der Elektrizität und Entdeckung der Relativität wurden die Schlüssel für die Geheimnisse der Natur gefunden, die nun keine mehr sind.

Seit Bestehen der Welt hatte bei allem der siegreiche Kampf des Stärkeren Vorrang. Nachdem der enorme Energie-Gewinn durch Kernspaltung erkannt war, war die erste Anwendung deshalb im Krieg. Mit schrecklichen Langzeitfolgen warfen amerikanische Streitkräfte Anfang August 1945 über japanischen Städten zwei Atombomben ab. Das schockierende Ergebnis führte aber nicht dazu, künftig auf Kernspaltung zu verzichten. Es begann vielmehr ein Wettrüsten »zur Abschreckung«. Zur friedlichen Nutzung wurden Kernkraftwerke gebaut, die von vielen bekämpft werden. Auch von ihnen gehen nicht überschaubare Gefahren aus, nicht nur durch Unfälle, Naturkatastrophen oder Beschädigung in Kriegen, sondern allein schon durch die radioaktiven Abfälle.

Macht ist den Herrschenden immer schon wichtiger gewesen als das Wohlergehen der Allgemeinheit. Ein Teil der Menschheit schoss längst über das Ziel hinaus. *Nicht nur sein* *wie Gott*, **sondern Gott sein**, die Welt beherrschen und etwas völlig Neues schaffen, heißt es für sie. Seit der Griff nach den Sternen möglich wurde, nimmt das Tempo im Endspurt zu.

Unabhängig vom Menschen entwickelte sich auf der Erde eine unendliche Vielfalt an Lebewesen. Bisher konnten noch nicht alle erforscht werden. Die Natur ist so angelegt, dass eins ins andere greift. Das sollte ein gutes Leben für alle garantieren. Leider erkannte der Mensch die Zusammenhänge nicht, oder auf jeden Fall zu spät.

In weiten Teilen der Welt hat er die Herrschaft über die »primitive« Natur übernommen und sie »kultiviert«. Er nennt es bis heute Fortschritt und dieser Schritt führt ihn weit fort von seiner eigenen Lebensgrundlage. Das Gleichgewicht in der Natur wird seit langem überall kontinuierlich zerstört. Es ist normal, dass in großen Zeiträumen Arten aussterben und durch andere ersetzt werden. Jetzt verschwinden sie durch menschliches Zutun ersatzlos in immer kürzeren Abständen.

Nachdem es den Menschen gelungen war, die unsichtbaren Kräfte anzuzapfen, machten sie die Nacht zum Tag. Die künstliche Beleuchtung rund um die

Uhr beeinflusst den Biorhythmus des Menschen, aber schlimmer sind die Auswirkungen auf die nachtaktiven Insekten und Tiere, die sich nicht mehr zurechtfinden und sterben.

Die »nutzlosen« Wälder mit den »gefährlichen« Tieren wurden gerodet, um ertragreiches Ackerland zu bekommen. Dann störten auch die Insekten und andere Kleintiere und der Boden war durch Monokultur ausgelaugt. Durch die inzwischen entwickelte Chemie gab es Gift gegen die »Schädlinge« und es konnte künstlich gedüngt werden.

Nun fehlen die Insekten für die notwendige Bestäubung. Mit der Nahrung nimmt auch der Mensch die Gifte zu sich, die langsam ihre Wirkung tun. Der Teufelskreis zur Zerstörung breitet sich unaufhaltsam über die ganze Erde aus. Mindestens ein Drittel aller Tier- und Pflanzenarten ist bedroht oder schon ausgerottet.

Die Menschheit entwickelte in den jeweiligen Wohngebieten unterschiedliche Kulturen. Der Fortschrittsgedanke im »aufgeklärten Teil der Welt« schreckte nicht davor zurück, die angeblich zurückgebliebenen und deshalb minderwertigen Völker zu bekämpfen, ohne den Schaden für die Allgemeinheit zu erkennen. Es gibt kein »lebensunwertes Leben«, eine Formulierung, an die sich noch mancher aus einer Zeit erinnert, die in einer Katastrophe für viele Menschen endete. Das Machtstreben blieb leider unbeeinflusst.

Die Natur ist der Anfang alles Lebendigen und der Mensch sollte sie bewahren. Sie ist unsere Lebensgrundlage. Es war nicht alles richtig, was in der Vergangenheit zur »Verbesserung« für den Fortschritt geschah. Doch Maßnahmen, den negativen Kreislauf aufzuhalten, werden nur zögerlich in Angriff genommen. Sie werden als Rückschritt gesehen, den man sich nicht leisten kann.

Berichte über Katastrophen, Kriege und andere schlimme Vorkommnisse überfluten uns täglich und machen Angst. Der Klimawandel ist nicht mehr zu leugnen. Was können wir als Einzelne tun? Wie lässt sich das Schlimmste verhindern und das endgültige Aus noch hinausschieben? Vielleicht wäre ein Rückschritt tatsächlich der Weg in die Zukunft.

Als Durchbruch des Fortschritts galt 1962, dass der Satellit Telestar in die Erdumlaufbahn geschickt wurde. Er blieb natürlich nicht der einzige. Seitdem ist die ganze Welt hör- und sichtbar miteinander verbunden. Raumschiffe umkreisen unsere Erde. Gebraucht wird dafür sehr viel Energie. Doch das bedachte niemand. Vergessen wurde, dass die Ressourcen zur Energiegewinnung nicht unendlich zur Verfügung stehen.

Man erkannte zwar die Möglichkeit, Sonne und Wind zu nutzen, doch blieben Forschung und Entwicklung mehr oder weniger in den Kinderschuhen stecken. Man vertraute auf die noch vorhandenen irdischen Rohstoffe. Die voraussehbare Verknappung hat uns ganz plötzlich in eine Krise geführt. Wie werden wir im Winter heizen, wie die erhöhten Lebenshaltungskosten bezahlen?

Die Ernten fallen wegen der ausgedörrten Felder geringer aus. Überall brennen die trockenen Wälder, Strohballen und Stoppelfelder. Das Feuer breitet sich unterirdisch aus. Die Feuerwehr hat Probleme, nahe genug heranzukommen, und das Löschwasser ist knapp. Das Wasser der Flüsse ist so stark gesunken, dass der Schiffsverkehr nur noch in sehr geringem Umfang aufrechterhalten werden kann. Das führt zu Versorgungsengpässen. Auch Trinkwasser muss in einigen Orten rationiert werden. Wenn irgendwo Regen fällt, ist er so stark, dass er ebenfalls zur Katastrophe führt. Die Menschen sind verzweifelt und wütend und werden gewalttätig. Hass und Verschwörungstheorien sind aber in keinem Falle hilfreich.

Die Forschung ist fasziniert vom Weltraum über unsere Galaxie hinaus. Unendliche Summen werden ausgegeben und darüber gejubelt, dass das »James-Webb«-Teleskop hundertfach schärfer sieht als »Hubble«. Es hat auch fünfmal so viel gekostet, hält aber bei weitem nicht so lange. Doch es schickte angeblich den Beweis aus dem All, dass der Urknall 13,8 Milliarden Jahre zurück liegt und es damals nur Wasserstoff und Helium gab. Kohlen-, Sauer- und Stickstoff sollen sich danach in den Sternen entwickelt haben und wurden durch eine Supernova-Explosion zu uns geschleudert. So konnte unser Sonnensystem entstehen.

Einen praktischen Nutzen hat diese Forschung kaum. Unser Lebensraum ist die Erde und das

Sternensystem drumherum. Millionen Lichtjahre entfernte Galaxien helfen uns nicht. Wasserstoff ist Teil des Wassers und damit unsere Lebensgrundlage. Das ist keine Neuigkeit. Dass unsere fossilen Energiequellen zur Neige gehen, wissen wir auch seit langem. Hilfreich wäre, möglichst schnell die Urquelle Wasserstoff nutzbar zu machen. Dazu würde allerdings viel Strom gebraucht, den Sonne und Wind liefern könnten. Theoretisch geht das längst. Was behindert die Umsetzung weltweit? Vermutlich ist es in erster Linie eine Kostenfrage. Diese zu lösen, wäre für den Fortbestand der Menschheit wichtiger als den Anfang des Universums zu finden. Vor uns liegt das Ende.

Gott kann in Ruhe abwarten, was den Menschen einfällt, das Tempo des Untergangs noch zu drosseln oder zu beschleunigen. Sein Endplan ist fertig. Die gute Nachricht ist, Gott verurteilt nicht pauschal. Seine Gnade kann aber auch nicht durch eine Organisation vermittelt werden, die angeblich den Glauben aller Heiligen verwaltet. Sie beruft sich zu Unrecht auf Petrus. Jesu Wort an ihn: *Was du auf Erden bindest, wird auch im Himmel gebunden sein, und was du auf Erden lösen wirst, wird auch im Himmel gelöst sein,* bezog sich auf seinen persönlichen Glauben. Das ist die

Grundlage für die Gemeinde. Zur Kirche Jesu gehören alle Menschen, die ihn auf Grund des Zeugnisses seiner Nachfolger erkennen und bekennen. Die heutigen Organisationen, die sich Kirche nennen, sehen ihren Zweck häufig darin, Traditionen aufrecht zu erhalten, die den Suchenden den Himmel eher verschließen als öffnen.

Am Ende der breiten Sackgasse dieser Welt steht ein Kreuz vor einem sehr schmalen Fußweg. Er allein führt zu Gott ins Paradies. Es genügt eine Berührung, sich abzuwenden von der Vergangenheit und sich zu entscheiden für die Zukunft mit Gott. Der Weg aus der Finsternis ins Licht ist frei für jeden Menschen, der das Kreuz nicht fürchtet, sondern die Wahrheit erkennt.

Gott und die Welt

Wie wunderschön ist diese Welt,
doch schöner ist das Himmelszelt.
In großer Pracht und Herrlichkeit
thront Gott über allem in Ewigkeit.

Er ist bekleidet mit hellem Licht.
Die Erde spiegelt sein Angesicht.
In der Natur und allem hier
will Gott sich täglich zeigen dir.

Doch leider haben allzu viele
Menschen keine guten Ziele.
Tobt dann ein Sturm und Feuer loht,
fürchtest du erschreckt den Tod.

Gott kommt auf seinem Wolkenwagen,
dich heimzuholen nach den Plagen.
Er lädt alle zu sich ein.
Warum wollen so viele nicht bei ihm sein?

Freiheit

Geschaffen nach dem Bilde Gottes kann der Mensch nur frei sein; denn Gott ist es absolut. Zu Gunsten seiner Geschöpfe schränkte er seine eigene Freiheit jedoch ein. Menschliche Entscheidungen kann er nicht von sich aus abändern und seine eigenen Pläne durchsetzen, wenn der Betroffene es nicht will. So ist es eine ganz normale Folge: Was der Mensch sät, das wird er ernten. Das bezieht im großen Ganzen alle ein, Schuldige und Unschuldige.

Alles im Leben hat mindestens zwei Seiten. Der Freiheit stehen Pflichten gegenüber. Auch zwischen geistig-seelischer und körperlicher Freiheit ist zu unterscheiden. Um überhaupt leben zu können, müssen die natürlichen Bedürfnisse befriedigt werden. Entsprechend der Verhältnisse gibt es dafür engere oder weitere Grenzen, die nicht durch Naturgesetze festgelegt sind. Das gilt auch für die Rollenverteilung

zwischen den Geschlechtern, die eine von Gott gewollte Gleichberechtigung verhindert.

Gottes Schöpfung war am Anfang sehr gut und der
Mensch als Partner Gottes gedacht, als Mann und
Frau. Jeder ist in seiner Andersartigkeit wertvoll mit
unterschiedlichen Talenten, in deren Rahmen er sein
Leben frei gestalten kann. Dem Mann gefiel das nicht.
Er wollte Herr sein. So führten geschlechtliche Zuord-
nung, Abstammung, »Rasse« oder sonstige Unter-
schiede zur Unterdrückung.

Absolute Freiheitsausübung ist Willkür und führt
ins Chaos. Jedem Wunsch und jeder Versuchung jederzeit nachzugeben kann in Abhängigkeiten enden,
aus denen sich zu lösen kaum möglich ist. Wahre Freiheit setzt die Bereitschaft voraus, für die Folgen der
Entscheidungen die Verantwortung zu übernehmen.

»Freiheit ist stärker als Angst«, hörte ich einmal.
Das mag sein, wenn man sich nicht fürchtet, unbe-
wusst Grenzen zu überschreiten. Aber Angst meldet
sich bei verschiedenen Anlässen und versucht, alles
andere auszuschalten. Woher kommt mir dann hilf-
reiche Freiheit?

»Die Gedanken sind frei«, singen wir und meinen, wir können in jeder Situation denken, was wir wollen, ohne dass es jemand erfährt. Wir können uns bewusst eigene Gedanken zu und über etwas machen und so Schwierigkeiten besser ertragen. Das ist nur teilweise richtig. Oft haben wir keine Kontrolle über unsere Gedanken und sie machen uns Angst. Sie sind unabhängig von unserem Willen frei und beeinflussen eher uns als wir sie. Sie stören uns zum Beispiel häufig, wenn wir einschlafen wollen. Man kann sie nicht abstellen, nur versuchen, ihnen eine andere Richtung zu geben. Dazu ermächtigt uns die Freiheit.

Gottes Grundregel zur Begrenzung der Freiheit heißt Liebe. Grenzüberschreitungen führen zu Hass und dessen Folgen. Falsche Einschränkungen der von Gott gegebenen Freiheit fordern die Religionen, die Gott ein Gräuel sind, auch die christliche. Zu Gottes Allmacht gehört seine Barmherzigkeit. Wer sich für Gott als Partner entscheidet, erfährt Gnade und Liebe, die wir weitergeben sollen. Jedermann liebevoll zu begegnen, bewahrt jedoch nicht davor, abgelehnt und verletzt zu werden. Das sollte sich aber nicht negativ auf unser weiteres Verhalten auswirken. Zur Liebe gehört die Vergebung. Jesu Liebe für uns führte ihn

ans Kreuz und trotzdem bat er: »Vater, vergib ihnen.
Sie wissen nicht, was sie tun.«

Für das Zusammenleben und zur Unterscheidung
von Gut und Böse, Liebe und Hass gab Gott den Menschen Leitlinien. Die Gebote sind gleichzeitig ein Sicherheitsnetz. Liebe bezieht sich auf das Du und tritt
selbst zurück, wenn es für den andern besser ist. Jesus
forderte: Behandelt die Leute so wie ihr von ihnen behandelt werden wollt. Unser Sprichwort »Was du
nicht willst, das man dir tu, das füg auch keinem andern zu« bedeutet dasselbe und begrenzt die eigene
Freiheit.

Der Apostel Paulus schrieb von der herrlichen Freiheit der Kinder Gottes, zu der wir berufen sind. Wo
der Geist Gottes ist, da ist Freiheit, die uns frei macht
für die Gerechtigkeit. Christus hat uns zur Freiheit befreit durch sein Blut, das uns heiligt. Nur wer sein Leben Jesus Christus übergibt, erlangt die ewige Freiheit
über den Tod hinaus.

Wir sind nicht mehr dem Gesetz verpflichtet, das
unsere Freiheit einschränkt, um Gottes Gnade zu er-
wirken. Christliche Freiheit bedeutet Unabhängigkeit

von jeder Macht, aber gebunden an Gott. Die eigene Entscheidung, Gottes Willen tun zu wollen ohne seine Liebe anzunehmen, funktioniert nicht. Er erwartetet unsere Entscheidung ohne jeden Vorbehalt.

Als freier Mensch kann man Anstoß erregen, ohne es zu merken, denn es ist nicht alles gut, was erlaubt ist. Darum gilt: Prüfet die Geister. Anderen Menschen gegenüber muss Freiheit immer mit Liebe verbunden sein, die zuerst an das denkt, was dem andern dient.

Der Apostel Jakobus spricht vom **Gesetz der Freiheit**, das uns jederzeit befähigt, das Richtige zu tun. Deshalb werden wir am Ende nach diesem Gesetz gerichtet.

Aus meiner Lebenserfahrung kann ich dies bestätigen. In meiner Kindheit und Jugend waren völlig andere Zeiten, doch egal, wie die äußeren Umstände sind, mit Gottes Hilfe kann jeder ein verantwortungsbewusstes Leben führen, in persönlicher Freiheit und Gottes Liebe. In Schule und Beruf muss man sich natürlich unterordnen, aber nicht jedem und unter allen Umständen. Man darf nichts erwarten, das man selbst nicht zu geben bereit wäre. Jeder Mensch, egal ob

Mann oder Frau, muss im Rahmen seiner körperlichen und geistigen Fähigkeiten bereit sein, auf ehrliche Weise seinen Lebensunterhalt zu erarbeiten.

Ich erkannte, jeder Mensch ist anders. Nicht einmal Zwillinge sind gleich. Das ist normal und man ist nicht einsam, wenn man allein ist. Einsamkeit empfindet man unter Menschen, mit denen man keine Verbindung aufbauen kann, aus welchen Gründen auch immer. Wer sich hervorheben, im Mittelpunkt stehen und von allen geliebt werden möchte, entwickelt Minderwertigkeitskomplexe, die nach außen mit verächtlicher Arroganz kompensiert werden. Bei den fiesesten Typen dieser Art vermutet man jedoch am wenigsten Einsamkeit, wenn es in unerklärliche Aggression ausartet. Auch wenn man sein möchte wie andere und versucht, sich ihnen unter allen Umständen anzupassen, fühlt es sich falsch an und man grenzt sich selbst aus. Gefährlich wird dies, wenn man sich in eine Sucht flüchtet und damit völlig ins Abseits manövriert. Wenn ein im Rampenlicht stehender Star in diesem Zustand Suizid begeht, versteht es niemand.

Gegen diese und ähnliche Gefühle kann man selbst wenig tun. Nur mit Gottes Hilfe kann jeder seinen eigenen Weg finden. Das bedeutet, ein einmal als richtig erkanntes Ziel nicht aus den Augen zu verlieren, auch wenn der Weg anders verläuft, als man es sich vorgestellt hat. Wenn das Ziel stimmt, wird man am Schluss erkennen: **Ich bin ich** und muss nicht sein wie alle, muss auch nicht allen gefallen oder von ihnen bewundert werden. Wichtig ist nicht, was andere über mich denken oder sagen, sondern dass ich Gott danken kann für mein Leben und mir bewusst bin, ewig sein wertvolles und geliebtes Kind zu sein.

Ich bin ich

Es drängt so vieles auf die Jugend ein.
Was ist wahr, was schöner Schein?
Ein kleines Kind wächst wohl umsorgt heran.
Es geht zur Schule; aber was kommt dann?

Für mich liegt diese Zeit schon weit zurück
mit allem, was sie brachte, Leid und Glück.
Es fehlte noch der Stress der Schnelligkeit.
Es war eine völlig andere Zeit.

Doch galt damals schon genau wie jetzt,
sehr leicht wird eine Seele verletzt.
Sie kompensiert, was sie im Innern fühlt,
und wirkt nach außen völlig unterkühlt.

Sie hat es allzu oft gehört,
dass sie eigentlich nichts wert,
und in jeder Diskussion
spürt sie schnell nur Aggression.

Damit er trotzdem überlebt,
der Unterdrückte sich überhebt
und gilt für andere nun fortan
als arrogant, ob Frau oder Mann.

Jede Pflanze braucht zum Wachsen Licht.
In der Dunkelheit gedeiht sie nicht.
Dauerbeleuchtung ist ihr auch nicht recht.
Nur Sonnenschein ist für jeden schlecht.

Es hat jede ihre eigene Zeit
bis sie ihre Früchte hält bereit.
Inzwischen überall der Fortschritt zählt.
Genau genommen geht es nur um Geld.

Geredet wird zwar von Nachhaltigkeit,
doch fehlt Geduld zur Wartezeit.
Immer schneller ändert sich der Trend.
Liebe ist nicht das, was sich so nennt.

Auch ich hab manches falsch gemacht.
Vieles kam anders als gedacht.
Der ewige Gott hat mir erklärt,
Menschen bestimmen nicht meinen Wert.

Freude überwiegt jeden Schmerz.
Dankbarkeit füllt nun mein Herz.
Eine Marionette bin ich nicht.
Ich habe erkannt: **Ich bin ich!**

(Erstveröffentlichung 2021 in »Gottes Menschenbild«, Edition Fischer)

Völker und Sprachen

Die Völker Europas haben angeblich keine gemeinsame Herkunft, doch das Zweistromland gilt nicht zu Unrecht als Wiege der Menschheit. Zwei amerikanische Gen-Forschergruppen fanden heraus, die Ur-Heimat aller Völker ist Mesopotamien. Von dort zogen sie in die Welt hinaus. Sprach- und Geschichtsforscher waren vorher schon zu diesem Ergebnis gekommen. Doch die stark national geprägten Staaten brachten sie zum Schweigen.

Zeitgleich mit den Alt-Ägyptern und den Elamitern in Persien besiedelten im vierten Jahrtausend vor der Zeitenwende die Sumerer Alt-Mesopotamien. Dort hatte es vorher nur wenig bäuerliche Ansiedlungen gegeben, wie bis ins sechste Jahrtausend nachgewiesen ist. Für die Entwicklung der Völker war neben den Sprachen eine leicht erlernbare und lesbare Schrift wesentlich. Die Sumerer entwickelten ihre zunächst sehr einfache Bilderschrift im Laufe der Jahrhunderte so weit, dass sie damit nicht nur alltägliche Dinge notieren, sondern auch in anderen Sprachen Erlebnisse aufschreiben konnten. Das machte die Erfindung der Buchstaben etwa dreitausend Jahre vor unserer Zeitrechnung möglich. Als die semitischen Völker (Akkader, Babylonier und Assyrer) die bisherigen Bewohner unterwarfen, übernahmen sie diese Sprache und Schrift.

Die Erde ist kein toter Gegenstand. Innen glühend und außen große Eisflächen, war sie immer in Bewegung und veränderlich. Vor elftausend Jahren gab es eine nachhaltige globale Erderwärmung wie nie zuvor. Die noch vorhandenen Inlandseismassen schmolzen schnell ab, der Meeresspiegel stieg, erhöhte Niederschläge und Wirbelstürme sorgten für eine riesige Umweltkatastrophe. Dies führte etwa um das Jahr 8 500 vor unserer Zeitrechnung zu der in der Bibel und anderen Aufzeichnungen beschriebenen Sintflut. Danach änderte sich das Erdklima erheblich mit berechenbaren Sommern und Wintern. Die überlebenden Menschen konnten neu anfangen, Ackerbau und Viehzucht betreiben. Näheres dazu lässt sich in den Heften der Zeitschrift »Museion 2000« aus den neunziger Jahren des vergangenen Jahrhunderts nachlesen.

Nach der Sintflut erklärte Gott Noah den Regenbogen als Zeichen seines Bundes mit der Erde. Er werde die Menschheit nicht wegen ihres Verhaltens ausrotten. Die Gegenpole Tag und Nacht, Sommer und Winter, Saat und Ernte werde es so lange geben wie die Welt.

Nichts ist nur schwarz und weiß. Wegen der Vollzahl des Farbspektrums gilt der Regenbogen heute für die Vielfalt aller Menschen auf der Erde. Seine Schönheit entsteht durch das Nebeneinander der Farben. Da bleibt kein Platz für unterschiedliche Bewertungen, die es auch in Bezug auf die Menschen bei Gott nie gegeben hat. Nur das friedliche Miteinander aller entspricht Gottes Willen.

Einzelne Gruppen nehmen den Regenbogen für sich in Anspruch, um auf ihre Ausgrenzung aufmerksam zu machen. Wenn das bei fröhlichen Festen geschieht, kann dies die Erkenntnis vermitteln, dass dieses Himmelszeichen alles zwischen den Extremen umschließt. Der Nächste, den wir lieben sollen, ist oft der uns fremde Unbekannte, sowohl äußerlich als auch in seiner Zwiespältigkeit oder Eigenheit. Aufeinander zuzugehen kann sich lohnen.

Aus den Sippen der Söhne Noahs wurden nach der Sintflut die Völker der Erde mit ungefähr 6 500 – 7 000 unterschiedlichen Sprachen. Ursprünglich führte das Gefühl der Zusammengehörigkeit zu dem Wunsch, möglichst nahe beieinander zu wohnen. Nachdem sie sich stark vermehrt hatten und ihr Siedlungsgebiet ausdehnten, bauten sie wegen dieses Zusammenhalts eine Stadt und planten einen Turm, der bis zum Himmel reichen sollte.

Die Bibel erzählt, sie wollten sich selbst damit einen Namen machen. Es war also eine Absage an Gott. In den Menschen war der Gedanke der Weltherrschaft geboren. Egal, wie weit sie sich über die Erde verteilen würden, weithin sichtbar sollte der »Götterturm« sie aneinander erinnern. Da griff Gott ein. Er ist allein der Mittelpunkt der Welt.

Die Einmütigkeit während der Planung war plötzlich dahin. Sie verstanden sich untereinander nicht mehr und hörten auf zu bauen. Die Stadt nannten sie

Babel, das bedeutet Wirrnis. Die einzelnen Sippen verteilten sich danach über die ganze Erde und entwickelten eigene Sprachen und Götter.

Als sich die Menschen stärker vermehrten,
sie nicht mehr auf Gottes Stimme hörten.
Zu großen Völkern wurden sie,
reich an Gütern mit viel Vieh.
Weit war noch das Land für viele Hirten,
als ihre Sprachen sich verwirrten.

Nach der Zerstreuung und Teilung der Sippen entschied Gott, es sei an der Zeit, ein eigenes Volk aufzubauen. Er selbst wollte es führen und leiten als Vorbild für den Rest der Welt. Alle sollten ihn als wahren Gott erfahren. Er rief einen alten Mann aus seiner Sippe heraus, begleitete ihn und prüfte lange seine Glaubenskraft.

Auch von Gott erwählte Menschen sind nicht fehlerfrei. Trotzdem braucht er sie, um sein Ziel mit allen zu erreichen. Das geschieht häufig auf Umwegen, doch Gott hat es nicht eilig. Zuweilen wird er zornig, wenn seine Kinder sich bewusst dem Bösen zuwenden, und straft sie, wie es auch menschliche Eltern tun. Aber Gott verstößt sie nicht. Solange sie leben, können sie zu ihm umkehren. Erziehung bedeutet nicht stures Einhalten von Regeln, Ge- und Verboten. Kinder müssen sich in einem freien Umfeld entwickeln können, jedes nach seinen Fähigkeiten. Das ist Gottes Vorgabe.

Den zweifelhaften Erfolg mit dem auserwählten Volk kannte Gott. Auch Menschen sollen bei der Erziehung ihrer Kinder nichts unversucht lassen, ihre Eigenständigkeit zu festigen. Den letzten Schritt zu ihrer Errettung plante Gott schon in Zusammenhang mit der Schöpfung, ebenso das Ende der Welt.

Wieder sind zweitausend Jahre vergangen, seit Gott ein letztes Mal die Richtung vorgab und gleichzeitig ein Zeichen setzte gegen die von ihm nicht gewollte Vorherrschaft des Mannes. Die menschlichen Werte kehrte er um und stieg selbst hinab auf die Erde. Ein Teil von ihm wurde ohne Zutun eines Mannes von einer Jungfrau geboren und wuchs heran zum Menschensohn. Bis heute hat dies nicht jeder verstanden, doch es war Gottes letztes Angebot an seine Menschenkinder.

Etwa um das Jahr 30 nach unserer Zeitrechnung geschah zu Pfingsten das Gegenteil von dem, was seinerzeit den Turmbau in Babel störte. Es waren viele Besucher aus verschiedenen Völkern zum Fest in Jerusalem gekommen, als der Apostel Petrus erfüllt vom Heiligen Geist zu ihnen sprach. Einige spotteten, andere hatten das Gefühl, ihn in ihrer Muttersprache zu hören. Ihre Herzen wurden für das Wort geöffnet. Gottes Geist hatte an diesem Tag die Sprachverwirrung aufgehoben.

Gottes Geist war im Volk Israel bekannt. Die Propheten lehrten durch ihn. Doch zu den Geistesgaben gehörte nicht die Sprache. Da Jesus seine Jünger aber in die Welt hinausschickte, wo unterschiedlich gesprochen wird, war die Verständigung wichtig. Die neue Geistesgabe wurde allerdings zu keiner allgemeinen Weltsprache.

Jesus konnte wie jeder Mensch nur jeweils an einem Ort sein und zu verhältnismäßig wenig Menschen reden. Als er den Tod besiegt hatte und heimkehrte in die Ewigkeit, versprach er seinen Jüngern die Heilige Geistkraft als Tröster und Helfer. Sie kann gleichzeitig überall in jedem Menschen wirken und ihm den nun offenen Weg in die Ewigkeit zeigen. Gottes Geist ist immer gegenwärtig, wenn Menschen es wollen. Gott steht zu seinem Wort. Er kann sich selbst nicht untreu werden. Menschen sind keine Marionetten, sondern frei entscheidende Wesen.

Das bezieht sich auch auf die Sprache. Sie entwickelt sich mit den Menschen. Inzwischen gibt es aber wieder eine Sprachverwirrung, oder besser gesagt: eine Sprach**verirrung**. Mit der Bibel in »gerechter Sprache« sollte die Gleichberechtigung der Geschlechter betont werden. Sprache ist jedoch weder gerecht noch ungerecht. Sie muss einfach nur von allen verstanden werden und jedem ermöglichen, seine Gedanken auszudrücken. Diskriminierungen jeder Art, Rassismus und Sexismus können nicht dadurch verhindert werden, dass man bestimmte Wörter und Redeweisen verbietet und durch unverständliche Umschreibungen und Zeichen ersetzt. Niemandem ist gedient und nichts verbessert, wenn die Angst, sich falsch auszudrücken, Menschen verstummen lässt. Das freut den Feind, denn er lässt sich nichts verbieten.

Semiten und Juden

Eine schlimmere Pandemie als Corona hat die Welt schon vor tausenden von Jahren befallen und sie scheint unausrottbar zu sein: Der Antisemitismus. Seltsamerweise trifft diese Seuche in erster Linie Menschen jüdischer Abstammung. Sie werden für alles Böse in der Welt verantwortlich gemacht und fast überall verfolgt, obwohl (oder weil?) sie das auserwählte Volk Gottes sind. Sie sind zwar ein semitisches Volk, aber nicht nur sie.

Die weltweite Verfolgung des Volkes Israel wurde schon lange vor unserer Zeitrechnung von den alten Propheten vorausgesagt. Zu Jesu Zeiten hatte sie noch nicht in vollem Umfang stattgefunden. Zerstreuung, Heimkehr und Wiederaufbau des Landes zogen sich weitere zweitausend Jahre hin. Erst seit 1948 gibt es wieder einen Staat Israel, eine Nationalität mit eigenem Glauben, dem Gott ursprünglich ein bestimmtes Land zugewiesen hatte. Jüdisch zu sein ist mehr als eine Abstammung oder Religionszugehörigkeit. Als auserwähltes Volk Gottes versuchten die Juden sich über die Jahrtausende hinweg rein zu erhalten. Deshalb wurden und werden sie als »Rasse« diskriminiert. Inzwischen ist zwar bekannt, dass es keine Menschenrassen gibt, doch nun spricht man von Ethnien (Volksstamm).

Zu den Semiten gehören viele Kulturvölker unterschiedlicher Herkunft, die ihren Ursprung auf der Arabischen Halbinsel haben. Als ihr Ahnherr gilt **Sem**, der älteste Sohn Noahs. Sem hatte neun Söhne. Vom ersten Sohn Sems ging in neunter Generation der Semit Abram hervor. Seine acht Söhne und deren Nachkommen sind mithin ebenso Semiten wie die Nachkommen der acht Brüder von Abrams Ahnherr. Sie wurden alle zu Stammvätern von Völkern, die sich im Laufe der Zeit über die ganze Welt ausbreiteten. Es ist deshalb unverständlich, nur das jüdische Volk als Semiten zu bezeichnen. Genau genommen gehören die meisten Menschen durch Vermischung zu Sems Nachkommen.

Schon um das Jahr 2350 vor der Zeitenwende entstand auf mesopotamischem Boden ein semitisches

Großreich, das Land von Akkade. Juden gab es damals noch nicht. Die semitische Sprache Babyloniens und Assyriens nannte man akkadisch. Sie galt als Diplomatensprache des Vorderen Orients, in Kleinasien, Syrien und Ägypten. Auch die europäischen Alphabete gehen auf die semitische Schrift zurück.

Sprache und Schrift des Volkes Israel sind bis heute hebräisch. Das Wort verweist auf die Lebensart der Menschen. Sie waren zeitweise Nomaden und Hirten. Es ist abgeleitet von Heber, ebenfalls ein Nachkomme Sems. Sein Name bedeutet »jenseitig ausgerichtet« und war im Altjudentum eine Ehrenbezeichnung. Abraham und seine Nachkommen wurden zuweilen Hebräer genannt. Später waren sie das Volk Israel, weil Gott Isaaks Sohn Jakob diesen Namen gegeben hatte. Zu Juden wurden sie durch Volksteilung.

Juda bedeutet: Preist und lobt den Herrn. Dazu hat Gott das jüdische Volk berufen. Der Glaube an den einzigen wahren Gott und die strengen Gesetze machten alle anderen Völker misstrauisch. Die ersten Christen wurden als jüdische Sekte ebenfalls verfolgt bis sie als eigene Religionsgemeinschaft anerkannt wurden.

Obwohl der Apostel Paulus in seinen Briefen eindeutig dazu Stellung nahm, lehrte die christliche Kirche später fälschlicherweise, Gott habe Israel verstoßen, da das Volk den lange angekündigten Messias abgelehnt habe. Stattdessen seien die Christen in den Bund mit ihm eingetreten.

Den Christen in Rom hatte Paulus geschrieben, es wären zwar einige Zweige aus dem Ölbaum Gottes ausgebrochen und durch neue ersetzt worden, doch maßgebend sei die Wurzel. Auch die neuen Zweige könnten sich von dieser lösen und die alten weiter Frucht bringen.

In christlichen Ländern wurden Juden lange Zeit verfolgt oder zumindest benachteiligt. Schnell machte das abergläubische Volk sie für alles Böse verantwortlich, hatten sie doch »Gottes Sohn getötet.« Der Name Judas wurde zum Begriff für Verräter und steht für Juden allgemein. Es wurde sogar behauptet, mit Antichrist, dem Feind Gottes, seien die Juden gemeint. Sie hätten Gottes Plan und sein Eingreifen in die Weltgeschichte bewusst boykottiert.

Niemand stellte richtig, dass alles nach Gottes Plan ablief, weil die vorausgesagte Zeit gekommen war. Sein Volk war und ist gespalten wie alle anderen Völker auch. Der neue Bund war Gottes letztes Rettungsangebot und gilt der ganzen Welt. Der alte Bund mit Israel wurde dadurch nicht aufgehoben. Jesus und die Apostel waren Juden und somit Abrahams Kinder. Jesus sagte selbst, das Heil komme von den Juden wie es Abraham verheißen war. Die vielfältigen und sinnlosen Opfer der Menschen sollten endgültig wegfallen, besiegelt durch das Blut Jesu. Herrschen sollte die Liebe. Leider wurde diese erlösende und freimachende Entscheidung Gottes zu einer neuen Religion der »weißen Männer«. Die Gleichberechtigung und Liebe, die Jesus lebte, waren vergessen.

Der Nationalsozialismus sah in Jesus den Sohn eines germanischen Kriegers. Das machte es dem größenwahnsinnigen Begründer des »Tausendjährigen Reichs« leichter, sich als »von der Vorsehung eingesetzt« darzustellen, obwohl er den von seinen Untertanen geforderten »Ariernachweis« nicht hätte erbringen können. Die Gräueltaten insbesondere gegen Juden, aber auch gegen alle Nichtangepassten wurden mit der »Überlegenheit der weißen Rasse«

gerechtfertigt und führten über den Antisemitismus schnell zum Rassismus allgemein.

Wäre es nicht endlich Zeit, den Fehler zu erkennen und zu korrigieren? Es gibt zwar gute und schlechte Menschen, aber nicht in bestimmten Menschengruppen oder Weltanschauungen. Die angeblich aufgeklärte Menschheit sollte sich endlich ihrer Vielfalt bewusst werden. Der Nachbar mit anderer Hautfarbe, Religion oder sonstiger Abweichung kann besser oder klüger sein, auf jeden Fall ist er nicht weniger wertvoll. Er ist ein Mensch!

VÖLKER DER ERDE

Ein auserwähltes Volk

Wenig Menschen lebten auf Erden.
Nomaden weideten ihre Herden
im großen freien Land,
als Gott diesen Zeitpunkt richtig fand.

Ein eigenes Volk wollte er gründen.
Es würde zwar nicht frei sein von Sünden,
die Menschen sollten aber wissen,
dass sie »Götter« nicht fürchten müssen.

Er wählte ein altes Ehepaar,
für das es zu glauben schwierig war,
Eltern von Nachkommen zu werden,
ein Segen für alle auf Erden.

Dies Problem schien ihnen zu schwer.
Anders sah es Gott, der Herr.
Er mischte sich immer wieder ein.
Sein Volk soll ihm geheiligt sein.

Es verstrickte sich häufig in Schuld.
Gott hat unendliche Geduld.
Er ließ es gewähren nicht nur seinerzeit.
Es ist sein Volk auch noch heut.

Den Segen der Völker brachte schon
ein Nachkomme Judas, Gottes Sohn.
Gott ist sehr daran gelegen,
dass die Welt erkennt seinen Segen.

Der Vater

Mesopotamien, das Zweistromland zwischen Euphrat und Tigris, heute Irak, wurde vom Reich Akkad regiert. Als der Akkader Sargon die erste semitische Dynastie in Mesopotamien begründete, wurde die sumerische Kultur durch die akkadische weitgehend verdrängt. Jede Stadt hatte ihren eigenen Gott oder eine Göttin als Statue im Allerheiligsten eines Tempels, denen täglich geopfert werden musste.

Chaldäa lag im südlichen Teil Mesopotamiens. Ur war im dritten Jahrtausend vor unserer Zeitrechnung die Hauptstadt dieses Landes am persischen Golf. Dort lebte Nahor mit seiner Familie. Er war ein Nachkomme Sems, zeugte mit 29 Jahren Terach, den Vater von Abram, Nahor und Haran.

Wer unter Fremden lebte, heiratete innerhalb der Sippe. Nahor nahm Milka, die Tochter seines Bruders Haran zur Frau, Abram Sarai, seine Halbschwester väterlicherseits. Das war kein Ehehindernis, da sie verschiedene Mütter hatten. Eine Vaterschaft ist schlechter zu beweisen als die Mutterschaft. Ein Weiser im Altertum soll deshalb gesagt haben, für einen Vater sei es schwer, seine Kinder zu lieben, da er nie wisse, ob es tatsächlich seine seien.

Nach dem frühen Tod Harans zog Terach mit Abram, Sarai und Lot am westlichen Ufer des Euphrat entlang in Richtung der heutigen südlichen Türkei. Es ist anzunehmen, dass die Familie von dort stammte. In dieser Gegend gab es mehrere Orte mit Namen ihrer Vorfahren. In Ur waren sie vermutlich nicht besonders beliebt gewesen und der Sohn Haran wohl keines natürlichen Todes gestorben. Er hinterließ den Sohn Lot, der bei seinem Großvater blieb, nachdem seine Schwester ihren Onkel geheiratet hatte.

Terachs Reiseziel war Kanaan. Nachdem sie die Stadt Haran erreicht hatten, ließen sie sich dort nieder. Vielleicht erinnerte ihn der Name an den toten Sohn oder es waren die besonderen Gegebenheiten des Ortes. Abram und Lot waren Hirten. Die Gegend muss für diesen Beruf besonders geeignet gewesen sein. Terach war vermutlich ein erfolgreicher Viehhändler.

Jedenfalls wurden sie im Laufe der Jahre reich und hatten viele Knechte und Mägde.

Bei Ausgrabungen im nördlichen Syrien fand man 1975 ein Archiv mit Tausenden von Tontafeln. Darauf wird die Stadt Haran mehr als achtzig mal in Verbindung mit Ebla erwähnt. Sie hatte eine Königin und in ihrer Zeit wohl eine besondere Bedeutung. Der vierte Herrscher des Reiches Akkad (2228-2191) plünderte und verbrannte Ebla, wodurch die Tontafeln erhalten blieben. Darauf findet sich auch die Information, die Hebräer hätten ein seltsames Verhalten. Entlaufene Sklaven fänden bei ihnen Asyl und würden ihren Eigentümern nicht zurückgegeben. Haran war also eine Hebräer-Siedlung.

Als Vater im Glauben für Juden, Christen und Moslems gilt Abraham. Er hieß ursprünglich Abram. Vor der Geburt seines Sohnes Isaak änderte Gott den Namen in **Abraham** (Vater vieler Völker) und den seiner Ehefrau von Sarai in **Sarah** (Fürstin). In den meisten Übersetzungen wird das **h** bei Sarah weggelassen. In hebräischen Namen ist es das Zeichen der Gleichberechtigung. Dass Gott selbst die Gleichberechtigung aller Menschen erfand und durchsetzen möchte, wird leider seit Jahrtausenden immer wieder unterschlagen.

Isaak war nicht der einzige Sohn Abrahams, aber der Sohn der Verheißung und Ahnherr der zwölf Stämme Israel, die Gott als sein auserwähltes Volk bestimmte. Sie waren Jakobs Nachkommen. Seinen Namen hatte Gott ebenfalls geändert. El bedeutet Gott.

Stammeltern

Im Sprachgebrauch ist allen klar,
es gab ein erstes Menschenpaar.
Adam und Eva waren die Namen.
Sie direkt von Gott her kamen.

In der Fortentwicklung der Welt
waren sie in den Mittelpunkt gestellt,
um kinderreich sich zu vermehren
und die göttliche Herkunft zu lehren.

In jeder nächsten Generation,
nahm mehrere Schwestern sich jeder Sohn,
damit der Stamm zum Volke werde
als Beherrscher dieser Erde.

Sie entwickelten viele Interessen
und haben den Schöpfer bald vergessen.
Da mischte Gott sich wieder ein.
Vater seiner Kinder wollte er sein.

Verschiedene Zeiten wählte er.
Neue Stammväter mussten her.
Stammmütter gab es jeweils drei.
Alte und junge waren dabei.

Drei Mütter und ihre Söhne

Genau genommen waren es drei mal drei Mütter, deren Söhne für die Welt eine entscheidende Bedeutung hatten. Fast alle galten als unfruchtbar oder aus anderen Gründen von Gott nicht angesehen, auf keinen Fall als von ihm gesegnet. Doch Gott denkt nicht wie die Menschen.

Sarah wurde die Mutter des von Gott auserwählten Volkes Israel, **Hagar** gilt als Mutter aller muslimischen Völker und **Ketura**s sechs Söhne bevölkerten den Rest der Welt.

Damit das Volk Israel einen von Gott gewollten König bekam, wurden in seine Ahnenreihe **Thamar**, **Rahab** und **Ruth** aufgenommen. Keine von ihnen war Israelitin.

Bathseba kann man sicher nicht vorwerfen, dass König David mit ihr schlief und ihren Mann im Krieg umbringen ließ. Als seine Königin gebar sie später seinen Nachfolger, den weisen König Salomo, außerdem Nathan, einen Vorfahr der **Maria**, die Gottes Sohn gebar. Maria war noch Jungfrau und unverheiratet als sie schwanger wurde. Als Beweis, dass Gott nichts unmöglich ist, ließ er ihr ausrichten, ihre ältere und unfruchtbare Verwandte **Elisabeth** erwarte ebenfalls ein Kind. Deren Sohn wurde der Prediger in der Wüste, der verkündete: Bereitet dem Herrn den Weg.

Die Zeugungsfähigkeit der Männer ist vom Lebensalter weitgehend unabhängig. Doch erst durch die Gebärfähigkeit der Frauen entsteht mit Gottes Hilfe neues Leben. Welche Rolle ein Neugeborenes dann in der Weltgeschichte spielt, entscheidet Gott. Wenn es für seinen Plan wichtig ist, sucht er die Mutter aus.

Dass für die Vollendung der Welt drei mal drei Mütter gebraucht wurden, verweist auf die schon vor der Erschaffung der Welt vorhandene göttliche Dreiheit, Gott-Vater, -Sohn und -Heiliger Geist. Danach plante Gott drei Abschnitte.

Zunächst ließ er der Entwicklung freien Lauf bis zur Sintflut. Dann begann er, ein besonderes Volk heranzubilden, das der Welt als Glaubensvorbild dienen sollte. Der dritte Abschnitt ist der entscheidende für seine Liebe. Er selbst wurde Mensch, um den Tod zu besiegen. Er ist Vater der ganzen Menschheit und hat alles getan, um seine Kinder in seine Liebe zurückzurufen.

***

Sarah war Abrahams Ehefrau, aber auch seine Halbschwester. Mit ihr hatte er den von Gott verheißenen Sohn Isaak. Diesem wurden die Zwillinge Esau und Jakob geboren.

Esaus Söhne hießen Elifas, Reguel, Jeusch, Jalam und Korach.

Jakob wurde Vater von Ruben, Simeon, Levi, Juda, Issachar, Schulon, Dan, Josef, Benjamin, Naftali, Gad und Ascher.

Abrahams Nebenfrau **Ketura** gebar ihm sechs Söhne:

Simran, Jokschan (Vater von Saba und Dedan),

Medan, Midian (Vater von Efa, Efer, Henoch, Abida und Eldaa),

Jischak, Schuach.

Von Sarahs Magd **Hagar** als Leihmutter hatte Abraham den zunächst als ehelich geltenden Sohn Ismael. Diesem wurden wie Jakob zwölf Söhne geboren: Nebajot, Kedar, Adbeel, Mibsam, Mischma, Duma, Massa, Hadad, Tema, Jetur, Nafisch und Kedma.

Als Abraham sein Testament machte, wurde sein jüngster Sohn Isaak Alleinerbe, wie von Gott vorgesehen. Die sieben anderen Söhne schickte er mit Geschenken weit fort in Richtung Osten. Mit dem jüngsten Sohn von Isaaks Zwillingen gründete Gott **sein Volk Israel**.

König David war ebenfalls der achte und jüngste Sohn. Die Zusage Gottes, sein Königsthron werde ewig bestehen, bezog sich auf den einzigen Gottessohn und das Reich Gottes, das die ganze Welt umfasst und jedem offen steht, der diese Verheißung im Glauben annimmt.

Die Zahlen sind bedeutungsvoll. Abraham hatte mit **drei** Frauen **acht** Söhne. Sein Enkel Jakob, also die **dritte** Generation, wurde Stammvater des auserwählten Volkes. Drei entspricht dem Wesen Gottes. Die

Acht verweist auf den Neuanfang Gottes mit seiner Welt. In Noahs Arche wurden acht Menschen gerettet. Am achten Tag (Tag nach dem Sabbat, unser Sonntag) wurde der Sieg über den Tod mit der Auferstehung Jesu von den Toten besiegelt.

Sieben steht für die vollendete Welt Gottes. Ketura und Hagar hatten insgesamt sieben Söhne von Abraham, die er in die Welt hinausschickte. Alle Völker auf Erden können sich also auf drei Stammmütter berufen und einen gemeinsamen Vater. Durch Abrahams Glauben an den einzigen Gott gilt dessen Verheißung, alle Völker zu segnen, der ganzen Welt.

Abrahams gleichberechtigte Ehefrau Sarah war die Mutter des Volkes Israel mit der damals völlig neuen jüdischen Religion. Auch der Sohn Gottes, geboren von der Jungfrau Maria, ist ein Abkömmling aus dieser Ehe. Als ein Nachkomme Hagars sah sich Mohamed, der ebenfalls den einzigen Gott verkündete. So entstanden drei Religionen durch Abraham, die den einzigen wahren Gott kennen.

Keturas sechs Söhne glaubten an verschiedene Götter, wurden durch die Verheißung an ihren Vater

Abraham aber ebenfalls von der Gnade Gottes erfasst. Deshalb gilt auch ihren Nachkommen die Erlösung durch Jesus Christus. Diese Wahrheit muss aber jeder selbst im Glauben annehmen. Die Entscheidung kann keine Religion oder Organisation ihren Mitgliedern abnehmen.

Abram und Sarai

Abram bedeutet erhabener oder gütiger Vater, aber seine Ehe war kinderlos und er schon 75 Jahre alt. Während seines Aufenthalts in Haran war er reich geworden, hatte aber keine Erben. Sein Vater starb und Abram hörte die Stimme eines ihm unbekannten Gottes. Er solle Land, Verwandtschaft und Vaterhaus verlassen und weiterziehen. Er werde ihn zum Vater vieler Völker machen und alle Geschlechter auf Erden durch ihn segnen.

Abram wunderte sich. Alle um ihn her glaubten an viele verschiedene Götter. Einige Familien hatten besondere Hausgötter. Dieser fremde Gott, der vernehmlich sprach, musste der allmächtige Hauptgott sein, der die ganze Welt geschaffen hatte. Trotz seiner Zweifel war Abram zu gehorchen bereit und brach mit aller seiner Habe auf.

Lot folgte seinem Onkel nach Kanaan. Beide brauchten als Viehhirten viel Land und zu ihnen gehörte inzwischen eine große Zahl von Mitarbeitern. Bei Sichem ließen sie sich nieder. Dort stand ein Baum, der Orakeleiche genannt wurde. Jedes Volk hatte Kulte entwickelt, wichtige Fragen richtig zu entscheiden, auch für die Zukunft. Benutzt wurden dazu bestimmte Gegenstände oder man suchte heilige Orte von Göttern auf.

Abram hatte an diesem Baum tatsächlich ein weiteres Gotteserlebnis. Diesmal sagte der Herr, er werde dieses Land seinen Nachkommen geben. Aus Dankbarkeit errichtete Abram diesem seinem nun persönlichen Gott einen Altar und erzählte den Bewohnern dieser Gegend davon, bevor er mit seinen Leuten ins Bergland weiterzog.

Zwischen Beth-El im Westen und Ai im Osten schlugen sie ihre Zelte auf. Abram baute auch hier einen Altar und erzählte den Bewohnern vom Schöpfer-Gott. Er suchte Kontakt zu ihm, bevor die Reise in Richtung Negeb weiter ging. Er vertraute Gottes Führung.

Diese Wanderung wurde wegen einer Hungersnot unterbrochen. Ausreichend Nahrung war nur in Ägypten zu erhoffen, das wegen des Nils besonders fruchtbar war. Dorthin lenkten sie also ihre Schritte. Sarai war trotz ihres Alters eine sehr schöne Frau. Abram befürchtete, der Pharao werde sie besitzen wollen und ihn deshalb töten. Als Schutz für alle bat er Sarai, sich als seine Schwester auszugeben, wenn sie gefragt werde. Das war keine Lüge, aber auch nicht die Wahrheit.

Sie wurde tatsächlich in den Palast geholt und Abram erhielt Ziegen, Rinder, Esel, Kamele, Knechte und Mägde für sie. Das war nicht Gottes Wille und er griff ein. Alle im Palast und der näheren Umgebung erkrankten schwer. Der Pharao erkannte den Zusammenhang mit der Familie dieser Frau und ihrem fremden Gott. Er musste sie unbedingt loswerden, ohne weiteren göttlichen Zorn auf sich zu ziehen. Er brachte Sarai zu Abram zurück und bat ihn höflich, das Land mit allem, was er hatte, sofort zu verlassen. Damit auch wirklich nichts zurückblieb, was mit einem göttlichen Fluch belastet sein könnte, ließ er alle bis zur Grenze begleiten.

Abram war nun noch reicher an Vieh, Silber und Gold und sie setzten die wegen der Hungersnot unterbrochene Reise fort. Das Land Kanaan war aber zu klein für die bisherigen Bewohner und die Menge der Zuwanderer. Es gab Streit zwischen den Hirten von Abram und Lot. Onkel und Neffe trennten sich in gutem Einvernehmen. Lot zog ostwärts ins fruchtbare Jordantal bis Sodom. Abram durchwanderte auf Geheiß Gottes das Land und siedelte sich zwischen Ai und Beth-El an. Gott versprach ihm erneut, er werde seine Nachkommen so zahlreich machen wie den Staub der Erde. Abram ließ sich bei den Eichen von Mamre in Hebron nieder und baute den **dritten** Altar, um auch hier allen, die es hören wollten, von seinem Glauben zu berichten.

Zwischen den umliegenden Stadtstaaten von Sodom herrschte Krieg. Sodom wurde besiegt und Lot geriet in Gefangenschaft. Als Abram das hörte, eilte er ihm mit seinen Leuten zu Hilfe und befreite ihn. Da brachte ihm der Priesterkönig Melchisedek aus Salem Brot und Wein und segnete ihn im Namen des höchsten Gottes, dem Schöpfer, der Himmel und Erde gemacht hat. Endlich hatte Abram eine menschliche

Bestätigung für seinen Glauben an diesen einen Gott. Doch wie sollte sich die Verheißung erfüllen?

Gott hatte es damit nicht eilig, weil es ihm wichtiger war, in Abram einen unerschütterlichen Glauben wachsen zu lassen. Seine Entscheidung für den einzigen Gott musste ernst gemeint sein. Er durfte nicht zu den alten Göttern zurückkehren, wenn es Schwierigkeiten gab, sondern sollte immer auf Gottes Hilfe hoffen.

Hoffnung ist auf etwas gerichtet, das man noch nicht sieht. Auf das Land bezogen, vertraute Abram Gott; aber das mit dem Kindersegen hatte er wohl falsch verstanden. Er hatte immer noch kein einziges Kind. Er sprach vertrauensvoll vor Gott aus, dass er befürchte, sein Reichtum werde nach seinem Ableben an seinen Verwalter fallen. Gott widersprach und wiederholte sein Versprechen, ihn zu einem großen Volk machen zu wollen. Vorher hatte er die Zahl der Nachkommen mit dem Staub der Erde verglichen. Jetzt antwortete er auf Abrams Klage: Zähle die Sterne, wenn du es kannst. So zahlreich werden deine Nachkommen sein, und das Land, auf dem du stehst, wird ihnen als Erbe gehören.

Abram erbat ein Zeichen. Gott nannte ihm verschiedene Tiere und forderte ihn auf, sie zu töten, zu halbieren und vor ihm auszulegen. Abram tat es und sofort wollten Raubvögel davon fressen. Eifrig verscheuchte Abram sie. Gegen Abend übermannte ihn die Müdigkeit. Er schlief ein und bekam plötzlich große Angst.

Gott sprach erneut zu ihm und verschob die Zeit für die Landbesiedelung um 400 Jahre. Seine Nachkommen müssten zunächst als Fremde in einem fremden Land wohnen und dort als Sklaven dienen. Erst die vierte Generation werde hierher zurückkehren und das Land als Nationalstaat in Besitz nehmen.

Bevor Abram begriff, was er hörte, fuhr eine lodernde Flamme zwischen die ausgelegten Fleischstücke und verzehrte sie. So besiegelte Gott seinen Bund mit Abram, der erstaunt zusah. Innerhalb von 400 Jahren konnten natürlich viele Kinder geboren werden, aber wie konnten es seine Nachkommen sein? Er war inzwischen 85 Jahre alt und seine Frau nach menschlichem Ermessen in ihrem Alter nicht mehr gebärfähig. War er selbst überhaupt zeugungsfähig? Außer mit Sarai hatte er noch nie mit einer Frau geschlafen.

Abram und Ketura

Gott hat den Menschen von Anfang an gesagt, sie sollen sich vermehren. Dazu hat er ihnen die Sexualität gegeben. Er hat auch festgelegt, wie lange eine Schwangerschaft dauert und das Kind die Mutter braucht. Ihre Gebärfähigkeit ist begrenzt, damit sie durch Schwangerschaft im hohen Alter nicht überfordert wird. Die Zeugungsfähigkeit des Mannes wird lediglich schwächer. Um ihren Stamm schneller wachsen zu lassen, nahmen sich die Männer deshalb Nebenfrauen.

Abram war dieser Gedanke bisher nicht gekommen, jetzt hielt er ihn für einen Hinweis Gottes. Er sah sich mit anderen Augen um und erblickte eine einheimische junge Frau, die ihm gefiel. Könnte sie nicht als seine Nebenfrau für den nötigen Nachwuchs sorgen?

Er zog Erkundigungen über die Schöne ein und erfuhr, sie sei die noch unverheiratete Tochter eines

Händlers von Räucherwerk. Das war ein einträgliches Geschäft. Weihrauch wurde nicht nur als Opfer für die Götter, sondern auch als Heilmittel benötigt. Die Ägypter benutzten es außerdem zur Einbalsamierung der Verstorbenen. Das Mädchen war also aus reichem Hause und passte zu ihm.

Abram arrangierte eine Begegnung mit Ketura vor dem Altar, den er errichtet hatte. Das war ein guter Anfang für ein Gespräch. Trotz des Altersunterschieds verstanden sie sich sofort gut. Er erzählte ihr von seinem Gott und der Verheißung. Ketura war nicht abgeneigt, Nebenfrau dieses älteren Mannes zu werden. Das war in ihrer Gesellschaft üblich und angesehen, wenn es standesgemäß war. Sie stimmte ihm zu, dass er seinen Gott, den sie nicht kannte, wohl falsch verstanden habe. Ein Vater vieler Völker braucht Söhne.

Ketura war eine freie, gebildete Frau ihrer Zeit und ihres Standes. Sie hatte alles gelernt, was sie zur Führung eines eigenen Haushalts und für die Kindererziehung wissen musste. Ein Haushalt war damals etwas völlig anderes als heute. Alles, was gebraucht wurde, musste hergestellt werden. Dafür hatte man zwar die erforderlichen Hilfskräfte und Fachleute, doch verantwortlich für alles war die Hausfrau. Karawanen brachten Waren aus fernen Ländern, meist Rohstoffe, die verarbeitet werden mussten, und nahmen zum Verkauf hergestellte Erzeugnisse in Zahlung. Die Hausfrau verhandelte mit den durchreisenden Kaufleuten, bezahlte sie und führte Buch über Einnahmen und Ausgaben.

Abram sprach mit Keturas Vater über eine mögliche Verbindung. Dieser erkannte in Abram einen guten und klugen Geschäftsmann, der ihm ebenbürtig war. Er würde in der Lage sein, für Frau und Kinder ausreichend zu sorgen, zumal er keine ehelichen Kinder hatte und diese auch nicht mehr zu erwarten waren. Er war also bereit, ihm seine Tochter anzuvertrauen. Wie es üblich war, bekam sie ein eigenes Haus mit dem nötigen Personal als Mitgift.

Ketura wurde sofort schwanger, nachdem Abram bei ihr war. Die Kinderlosigkeit seiner Ehe hatte ihre Ursache also tatsächlich in Sarai. Er war trotz seines Alters noch zeugungsfähig. Abram war überzeugt, er habe Gott richtig verstanden und die Erfüllung der

Verheißung gesichert. Nun kam er so oft wie möglich zu Ketura und sie gebar ihm sechs Söhne.

Hagar

Hagar wurde am Hofe Pharaos als Kind einer Haussklavin geboren. Als Sarai in den Palast geholt wurde, gab man sie ihr zur Bedienung. Bei der Ausweisung durfte sie das noch sehr junge Mädchen als persönliche Sklavin mitnehmen. Inzwischen war Hagar zur Jungfrau erblüht.

Abram erzählte Sarai, dass er sich eine Nebenfrau genommen habe. Sie sei sofort schwanger geworden. Nun werde sich die Verheißung erfüllen. Es sollte kein Vorwurf für Sarai sein. Er glaubte, ihr sei klar, dass sie auf Grund ihres Alters nicht mehr schwanger werden konnte. Das stimmte zwar, doch sie sah es anders. Sarai war überzeugt, die bessere Idee zu haben.

Sie stellte ihrem Mann Hagar als Leihmutter zur Verfügung. So etwas war üblich, um kinderlosen Ehen zu einem Erben zu verhelfen. Als sie ihrer Sklavin befahl, die nächste Nacht mit Abram zu verbringen, hatte diese keine Möglichkeit, sich dagegen zu wehren. Doch sie erschrak. Kinder zu gebären war die Bestimmung jeder Frau, Sklavinnen waren nicht ausgenommen. Aber Hagar hatte gehofft, man werde sie einem Mann geben, um eigene Kinder groß zu ziehen. Dass ihre Herrin unfruchtbar war, war schließlich nicht ihre Schuld. Als Leihmutter würde man ihr das Kind nach dem Abstillen wegnehmen. Diese alten Leute waren die gesetzlichen Eltern. Was nutzte es ihr, wenn sie frei gelassen wurde und gehen konnte, wohin sie wollte? Das konnte doch unmöglich der Wille des fremden Gottes sein, von dem Abram dauernd redete. Reichte es für die Verheißung nicht aus, dass Abram das Kind zeugte? Als seine Nebenfrau könnte sie das Kind selbst aufziehen.

Als sie bald darauf schwanger wurde, machte sie Sarai diesen Vorschlag. Bisher hatte diese sie immer gut behandelt, fast wie eine Tochter. Jetzt wurde sie böse und beklagte sich bei Abram. Doch der fühlte sich nicht zuständig und mischte sich nicht ein. Er fand, das sei ihre Sache. Sie habe das Problem selbst verursacht. Nun wurde Sarai grob zu Hagar. Das Mädchen war verzweifelt und glaubte schließlich, es nicht mehr aushalten zu können. Hagar rannte fort.

Die Flucht konnte kein gutes Ende nehmen. Sie war schließlich immer noch Sarais Sklavin. Aber den Tod in der Wüste zu finden, erschien ihr besser als ein Leben als Leihmutter.

In ihrem Zustand kam sie nicht weit. Auf dem Weg nach Schur erreichte sie einen Brunnen und wurde unerwartet angesprochen. Sie wurde aufgefordert, zu ihrer Herrin zurückzukehren. Ihren Sohn solle sie nach der Geburt Ismael nennen. Das bedeutet Gott hört. Durch ihn werde sie so viele Nachkommen haben, dass man sie nicht zählen könne. Während des Gesprächs erkannte Hagar, dass Gott zu ihr redete. Sie war sehr überrascht, war sie doch nur eine Sklavin. Dieser Gott musste wirklich mächtig sein und einen Plan für sie haben. Nun fühlte sie sich als Mensch anerkannt und nannte den Brunnen Beer-Lahai-Roi (Brunnen des Lebendigen, der nach mir schaute).

Hagar ging zu Sarai zurück, bat um Verzeihung und verhielt sich ihrer Stellung entsprechend angemessen. Sie kannte nun ihren Wert vor Gott und vertraute seiner weiteren Führung. Ismael wurde geboren und von Abram und Sarai als ihr ehelicher Sohn anerkannt. Abram liebte das Kind sofort. Sarai lehnte es im Innern ihres Herzens ab, obwohl es auf ihren Wunsch gezeugt wurde. Sie konnte es nicht wie ein eigenes Kind lieben und ließ es bei seiner Mutter Hagar, auch nachdem es abgestillt war. Von einer Freilassung war nicht mehr die Rede, aber das war ihr nicht wichtig. Hagar war sehr froh, bei ihrem Kind bleiben zu dürfen. Es war ihr und Abrams Sohn nach Gottes Verheißung. Das hatte Gott ihr persönlich am Brunnen ausrichten lassen. Er würde einen Weg finden, den Vorrang der Ehe in diesem Fall aufzuheben.

Hagar hatte Gott richtig verstanden. Weder Abram noch Sarai hatten im Sinne der Verheißung gehandelt. Gott hatte die beiden als Stammeltern seines Volkes erwählt. Davon ließ er sich nicht abbringen. Sarai konnte das ertrotzte Kind nicht lieben, kam aber Gott nicht näher, da sie ihren Irrtum nicht zugab. Gott ist treu und steht immer zu seinem Wort. Menschen können ihn nicht aufhalten, den Eintritt der Verheißung allerdings verzögern.

Dreizehn Jahre lebte Ismael in zwei Welten. Als rechtlicher Sohn Sarais gehörte er zu ihrem Haushalt. Geliebt wurde er von seiner leiblichen Mutter Hagar und von seinem Vater Abram. So hatte er trotzdem eine glückliche Kindheit. Das änderte sich, als er zu einem Jüngling herangewachsen war. Gott beendete den menschlichen Rechtszustand. Hagar und Ismail mussten die ihnen Heimat gewordene Gemeinschaft verlassen. Es kam unerwartet für sie.

Als sie durstig in der Wüste von Beer-Scheba umherirrten, weil der Wasserschlauch leer geworden war, fürchtete sie zu sterben. Da sprach der Engel wieder zu Hagar, zeigte ihr den Brunnen und ihren weiteren Weg. Gottes Verheißung, auch Ismael zu einem großen Volk zu machen, galt weiterhin. Sie entsprach ja seinem Willen, alle Völker durch Abram zu segnen.

Abraham und Sarah

Dreizehn Jahre waren vergangen, als Gott Abram erneut erschien, um den Bund zu bekräftigen. Da er Stammvater vieler Völker werden sollte, änderte Gott die Namen in **Abraham** (Vater vieler Völker) und **Sarah** (Fürstin). Als er von Sarahs Sohn sprach, musste Abraham lachen und antwortete, es genüge ihm, wenn Ismael am Leben bleibe. Ein hundertjähriger Mann sei kaum noch zeugungsfähig und eine neunzigjährige Frau könne nicht schwanger werden. Gott widersprach. »Deine Frau Sarah wird dir einen Sohn gebären. Ihn sollst du Isaak nennen und mit ihm werde ich meinen Bund schließen. Auch Ismael wird gesegnet sein und 12 Fürsten zeugen.«

Als Zeichen der Bestätigung des Bundes von Abrahams Seite forderte Gott die Beschneidung der Vorhaut aller zum Haushalt gehörenden männlichen Personen ab dem 8. Tag nach der Geburt, einschließlich der zugekauften Sklaven. Dies sollte künftig das

Zeichen der Volkszugehörigkeit sein. Keturas Söhne lebten nicht im Hause Abrahams, wohl aber Ismael. Deshalb haben auch die Moslems die Beschneidung als Zeichen für die Zugehörigkeit zu Gottes Volk angenommen. Für sie ist Ismael Stammvater Mohammeds.

Kurz danach saß Abraham um die Mittagszeit vor seinem Zelt bei den Eichen von Mamre. Er sah drei Männer kommen, die ihm unbekannt waren, aber respekteinflößend wirkten. Er lief ihnen entgegen und bot an, unter dem Baum könnten sie sich ausruhen. Er werde ihnen etwas Wasser zum waschen der Füße bringen lassen und für einen Bissen Brot sorgen. Die Männer waren einverstanden. Abraham lief zurück, holte aber nicht nur einen kleinen Imbiss. Er forderte Sarah auf, schnell aus feinem Mehl etwas zu backen. Dann holte er ein prächtiges Kalb und bat einen Knecht, es sofort zu schlachten und zuzubereiten. Als alles fertig war, brachte er Brot, Fleisch, Butter und Milch zu den Männern, die unter dem Baum warteten, obwohl es doch recht lange gedauert hatte.

Nach dem Essen fragte einer der Männer nach Abrahams Frau. Er antwortete verwundert, sie sei im

Zelt. Der Fremde erwiderte, er werde in einem Jahr wiederkommen. Dann werde sie einen Sohn haben. Sarah hörte es und lachte. Der Sprecher wandte sich an Abraham: »Warum lacht Sarah und denkt, sie sei zu alt, um zu gebären? Ist dem Herrn etwas unmöglich? Nächstes Jahr um diese Zeit wird sie einen Sohn haben.«

Sarah erschrak über diese Worte und kam heraus. Sie bestritt, gelacht zu haben, obwohl sie sich fürchtete. Der Sprecher ließ sich auf keine weitere Diskussion ein, sagte nur kurz: »Du hast gelacht«. Dann erhoben sich alle drei Männer und wandten sich zum Gehen in Richtung Sodom. Abraham verabschiedete sie, wie es üblich war.

Einer blieb stehen, während die beiden anderen weitergingen. Da war Abraham sicher, dies sei kein gewöhnlicher Mensch, denn er sagte, Sodom werde von einem so sündigen Volk bewohnt, dass er eingreifen müsse. Er wies in die Richtung, in die seine Kameraden gegangen waren. Abraham dachte an seinen Neffen Lot und bekam Angst. Sein Gesprächspartner konnte nur Gott persönlich sein. Er begann mit ihm zu handeln, wie viel Gerechte nötig seien, um die

Zerstörung zu verhindern. Bei zehn beendete Gott das Gespräch.

Kurz darauf wurden die Städte Sodom und Gomorrha vernichtet. Abraham zog mit allem, was er hatte, weiter und ließ sich zwischen Kadesch und Schur nieder. Er war nun ein Fremder in Gerar. Sarah war das ganz recht, denn hier wusste niemand, dass Ismael als ihr Sohn galt. Der Junge nannte Hagar Mutter. Sie gab sich also wieder als Abrahams Schwester aus. König Abimelech hoffte vermutlich auf eine große Mitgift von diesem reichen Mann, wenn er dessen Schwester noch auf ihre alten Tage zur Frau nahm, und holte sie zu sich. Zu seiner Verwunderung sagte Abraham nichts dazu. Er dachte an das Erlebnis in Ägypten. Es hatte sich durch die Geschenke ausgezahlt und niemand war zu Schaden gekommen. Vielleicht entsprach es Gottes Willen, diese Ehe wegen Sarais Kinderlosigkeit aufzulösen. Einen Erben hatte er ja nun in Ismael, der als ehelich anerkannt war.

Gott klärte den König in einem Traum auf und drohte ihm mit dem Tod. Gleich früh am Morgen rief er alle am Hof zusammen und ließ auch Abraham kommen. Er erzählte den Traum und alle bekamen

Angst. Er fragte Abraham: »Was habe ich dir getan, dass du diese große Sünde über mich und mein Volk bringen wolltest?«

Abraham rechtfertigte sich. Sarah sei tatsächlich seine Halbschwester, allerdings auch seine Ehefrau. Er habe Angst gehabt wegen seines abweichenden Glaubens und gehofft, wenn er nicht eingreife, würden sie ihr Leben retten. Es sei Gottes Aufforderung gewesen, sein Vaterhaus zu verlassen und durchs Land zu ziehen. Da habe er Sarah gebeten, überall zu sagen, er sei ihr Bruder.

Abimelech gab Sarah zurück und als Entschädigung für sie tausend Silberstücke. Abraham erhielt außerdem Rinder, Knechte und Mägde und die Erlaubnis, im Land zu bleiben. Dafür trat er bei Gott für das Königshaus ein und bat, es mit Gesundheit und Fruchtbarkeit zu segnen. So gingen beide im Guten auseinander. Es gab aber Ärger wegen zugeschütteter Brunnen durch die neidische Bevölkerung; denn Abraham wurde immer reicher.

Sarah wurde tatsächlich trotz ihres hohen Alters schwanger; denn bei Gott ist wirklich alles möglich.

Am 8. Tag nach der Geburt wurde Isaak beschnitten. Das war Gottes Siegel auf der Verheißung. Jetzt lachte Sarah vor Freude über dieses Wunder. Sie konnte das Kind sogar selbst stillen und brauchte keine Amme. Als Isaak entwöhnt wurde, gab Abraham ein Fest.

Nun befürchtete König Abimelech, Abraham werde sich gegen ihn wenden. Er ging zu ihm und verlangte einen Eid bei Gott, dass er niemals Anspruch auf Land und Thron erheben werde. Dazu war Abraham bereit und sprach den Ärger mit den Brunnen an. Sie legten diesen Streit bei und schlossen einen Vertrag, den beide beeideten. Der Ort, wo dies geschah, wurde Beer-Scheba genannt, das bedeutet Sieben- oder Eidbrunn. Abraham pflanzte dort zusätzlich eine Tamariske zur Ehre Gottes.

Eines Tages beobachtete Sarah, wie die beiden Brüder miteinander umhertollten. Sie wusste, dass Abraham beide liebte und fürchtete, er werde das Erbe unter ihnen aufteilen. Ismael hatte sein Erbrecht durch Isaaks Geburt allerdings verloren und keinen anderen Stand als Keturas sechs Söhne. Sarah bereute längst, dass sie ihrem Mann ihre Sklavin als Leihmutter gegeben hatte. Jetzt verlangte sie, Hagar nebst Sohn wegzuschicken. Schweren Herzens ließ sich Abraham darauf ein, nachdem ihm Gottes Stimme versprach, Mutter und Kind zu schützen und Ismael trotzdem zu einem großen Volk machen zu wollen. Er gab ihr Brot und Wasser mit und entließ sie im Vertrauen auf Gott.

Als Isaak herangewachsen war, forderte Gott Abraham auf, ihm den Knaben auf einem Berg in Morija zu opfern. Abraham erschrak. Was wurde dann aus der Verheißung? Er kannte die Opferkulte der Völker um ihn her und in dem Land, aus dem ihn Gott herausgerufen hatte. Menschenopfer waren üblich, um die Götter gnädig zu stimmen. Wollte Gott nun alles rückgängig machen? Abraham war sich bewusst, dass er nicht immer gehorcht und in der Frage bezüglich der zahlreichen Nachkommen lange nicht geglaubt hatte. Aber er wagte keinen Widerspruch und keine Rückfrage. Er hatte Gott Gehorsam versprochen und stand dazu. Vielleicht konnte er Gott unterwegs noch gnädig stimmen.

Er stand früh auf, sattelte seinen Esel und belud ihn mit Holz, dann rief er zwei Jungknechte und Isaak, sagte aber niemandem etwas über den Grund der Reise. Unterwegs hatte er Zeit genug zum

Nachdenken und vielleicht auch stiller Zwiesprache mit Gott. War es vielleicht eine Versuchung, ob er in den alten Götterglauben zurückgefallen war? Dann hätte er sich sofort weigern müssen. Jetzt war es zu spät. Abraham kannte noch nicht das Vaterunser, in dem wir beten »führe uns nicht in Versuchung, sondern erlöse uns von dem Bösen.«

Als die Gruppe am dritten Tag der Reise an dem bewussten Berg angekommen war, konnte er nur noch darauf vertrauen, dass Gott oben noch einmal zu ihm sprechen würde. Er hatte sich für Gehorsam diesem Gott gegenüber entschieden und hoffte, Gott werde dies anerkennen. Er ließ die Knechte am Fuße des Berges mit dem Esel warten und sagte, er werde mit dem Knaben den Herrn anbeten und mit ihm zurückkehren. Ja, er sagte, »wir kommen zurück«. Auf dem letzten Stück des Wegs auf den Berg, wunderte sich Isaak, dass sie zwar Holz und Feuer mitgenommen hatten, aber kein Opfertier. Abraham antwortete, Gott werde es selbst auswählen. Es konnte dem Knaben unmöglich sagen, er sei das Opfer.

Oben angekommen, baute Abraham einen Altar und legte das Holz darauf. Nichts geschah. Es blieb ihm also nichts anderes übrig, als den Auftrag auszuführen. So weh es auch tat, Gott war im Recht. Er legte den erschrockenen Jungen gebunden auf den Altar und griff zum Messer.

Jetzt gebot der Engel des Herrn Einhalt und verwies auf einen Widder, der sich im Gestrüpp verfangen hatte. Er sollte das Brandopfer werden. Vater und Sohn waren erleichtert. Nun konnten sie darüber sprechen und begriffen diese Begebenheit als Glaubensprüfung. Nein, Gott fordert keine Menschenopfer. Das war ihnen klar geworden. Zur Erinnerung nannte Abraham diesen Ort »Der Herr sieht«.

Sarah wurde 127 Jahre alt und starb in Kirjat-Abra, Hebron in Kanaan. Abraham hatte immer noch kein eigenes Land. Er verhandelte mit den Hetitern, bei denen sie wohnten, wegen einer Begräbnisstätte. Geeignet war eine Höhle auf einem bewaldeten Grundstück in Machpela bei Mamre. Der Eigentümer Efron war bereit, sie zur Verfügung zu stellen. Abraham wollte sie aber als Eigentum als Erbbegräbnis und kaufte sie einschließlich des Feldes mit allen Bäumen darauf zum Preis von 400 Silberstücken. Dieses Grundstück gilt heute noch als jüdisches Eigentum.

Abraham, der ja zehn Jahre älter war als Sarah, war nun wirklich hochbetagt und sorgte sich wieder über fehlende Nachkommen. Isaak war inzwischen 40 Jahre alt und immer noch nicht verheiratet. Allerdings wollte Abraham auf keinen Fall, dass er eine Einheimische nahm. Sie sollte aus seiner Heimat und Verwandtschaft sein. Er wollte aber auch nicht, dass Isaak das Land, das seinen Nachkommen von Gott verheißen war, verließ. Da gab es nur eine Lösung. Er schickte seinen Verwalter nach Haran, eine Frau für Isaak zu suchen. Er ließ ihn schwören, falls die Frau oder ihre Angehörigen verlangen würden, der auserwählte Bräutigam möge persönlich erscheinen, darauf auf keinen Fall einzugehen. Das sei nicht Gottes Wille, der ihn ausdrücklich dort weggeholt habe.

Die Brautwerbung verlief zufriedenstellend. Es war Rebekka, eine Enkelin von Abrahams Bruder Nahor, die ohne Bedenken bereit war, dem Boten in die Fremde zu folgen. Isaak hatte sich in der Nähe des Brunnens Lahai-Roi im Negeb niedergelassen. Als ihm Rebekka zugeführt wurde, zog er mit ihr in das Zelt seiner verstorbenen Mutter. Er trauerte immer noch um ihren Verlust und tröstete sich jetzt mit seiner Ehefrau.

Abraham und Ketura

Abraham war ein reicher, angesehener Mann in Kanaan, wenn auch ohne Grundeigentum. Ihm gehörte nur die Begräbnisstätte. Den Kontakt zu Ketura hatte er nie abgebrochen. Nach Sarahs Tod hinderte ihn nichts mehr daran, sie zur Ehefrau zu machen. Sie hatten von ihren Söhnen inzwischen schon sieben Enkel.

Abraham war klar, dass seine Kinder nicht alle denselben Status hatten. Ismael hatte seine Rechtsstellung durch Isaaks Geburt verloren. Keturas Söhne blieben nach der nachträglichen Eheschließung der Eltern weiterhin Söhne der Nebenfrau, wie man in der 1. Chronik der Bibel nachlesen kann. Es war also notwendig, den Nachlass rechtzeitig zu regeln.

Isaak war Alleinerbe, wie Gott es gewollt hatte. Seine sieben Brüder erhielten Geschenke und zogen mit ihren Familien weit nach Osten, um Stammväter eigener Völker zu werden. Ismael war in Paran

aufgewachsen und zu einem guten Schützen geworden. Er hatte eine Ägypterin geheiratet und seine
Söhne gründeten zwölf Fürstentümer im Gebiet von
Hawila bis Schur, Ägypten gegenüber an der Straße
nach Assur.

Keturas Söhne waren nicht im Glauben an den ein-
zigen Gott erzogen worden. Ihnen galt trotzdem die
Verheißung an Abraham. Sie waren seine Söhne und
Gott hielt sein Versprechen für alle Kinder Abrahams.
Durch einen Nachkommen ihres Sohnes Midian
wurde etwa 400 Jahre später eine Verbindung zum
Volk Israel hergestellt. Jitro war der Schwiegervater
Moses.

Nachdem alles zufriedenstellend geregelt war,
stand einem gemeinsamen geruhsamen Lebensabend
nichts mehr entgegen. Abraham und Ketura hatten
noch eine gemeinsame Lebenszeit von etwa 35 Jahren.
Abraham erlebte die Geburt seiner Enkel Esau und Jakob, aber nicht mehr, dass Jakob den Namen Israel erhielt und Stammvater eines Volkes dieses Namens
wurde.

Ismael, der als Kind ein sehr inniges Verhältnis zu seinem Vater gehabt hatte, hielt auch später Kontakt zu ihm und kümmerte sich gemeinsam mit Isaak um die Bestattung des Vaters, als der mit 175 Jahren starb. Er wurde wie Sarah in der Höhle Machpela begraben. Dort fanden später auch sein Sohn Isaak, dessen Frau Rebekka und der Enkel Jakob mit seiner Frau Lea ihre letzte Ruhestätte. Ketura zog als Witwe vermutlich zu einem ihrer Söhne. Überliefert ist darüber leider nichts.

Isaaks Kinder

Rebekka war sehr schön, aber Kindersegen blieb ihr lange verwehrt. Wieder gab es eine Hungersnot und Isaak zog nach Gerar. Gott sagte ihm, er solle nicht nach Ägypten gehen, sondern als Fremder im Lande bleiben. Er werde sein Versprechen halten, das er seinem Vater Abraham gegeben habe.

Vielleicht wusste Isaak nichts vom früheren Verhalten seines Vaters. Es geschah ja vor seiner Geburt. Jedenfalls machte er jetzt einen ähnlichen Fehler. Er gab Rebekka gegenüber der Bevölkerung als seine Schwester aus, obwohl sie nur im fünften Grad mit ihm verwandt war. Da sah der König eines Tages zufällig bei einem Blick durchs Fenster, wie Isaak und Rebekka einander liebkosten. Er ließ Isaak rufen und stellte ihn zur Rede. Er verführe die Männer mit seiner Lüge zum Ehebruch mit seiner Frau, was für das ganze Volk schlimme Folgen haben werde. Er verwies ihn aus diesem Teil des Landes und ordnete für sein Volk an, wer diese beiden anrühre, müsse sterben.

Isaak zog weiter ins Tal. Mit Gottes Segen säte er Getreide und hatte eine reiche Ernte. Er wurde bald wohlhabend und die Einheimischen beneideten ihn. Sie schütteten seine Brunnen zu, wie sie es schon mit den Brunnen seines Vaters getan hatten. Isaak ließ sie wieder öffnen und auch neue graben. Das gab Zank und Streit und so nannte er die Brunnen.

Unerwartet besuchte ihn der König. Als Isaak sein Erstaunen zeigte, erklärte er, man habe gesehen, dass der Herr mit ihm sei. Deshalb wolle er einen Friedensvertrag mit ihm schließen. Isaak war einverstanden. Seine Knechte hatten inzwischen den alten Eidbrunnen Abrahams gefunden und ausgegraben. Sie aßen und tranken miteinander und am nächsten Morgen wurde der Vertrag an derselben Stelle wie seinerzeit mit Abraham mit einem Eid besiegelt. Sie schieden in Frieden voneinander. Der neue Brunnen in Beer-Scheba erhielt wieder den alten Namen Eidbrunnen.

Nach 20 Jahren Ehe wurde Rebekka endlich schwanger. In ihr wuchsen Zwillinge heran, was ihr körperliche Beschwerden machte. Sie betete zum Herrn und erhielt die Antwort, es seien zwei Völker in ihrem Leib. Der Ältere werde dem Jüngeren dienen. Als die Knaben das Licht der Welt erblickten, hielt sich der Jüngere an der Ferse des Älteren fest. Deshalb nannten sie ihn **Jakob** (Fersenhalter) und den Erstgeborenen **Esau**. Er hatte eine stark behaarte Haut.

Esau hatte als Erstgeborener nach dem damals geltenden Recht eine Sonderstellung. Das war jedoch nicht Gottes Plan. Er ließ deshalb zu, dass Jakob durch nicht legale Machenschaften eine Änderung herbeiführte. Gottes Wahl fiel auch später selten auf den Erstgeborenen, aber oft auf den Jüngsten in einer Familie.

Esau wurde ein Jäger und vom Vater bevorzugt. Jakob hielt sich mehr an die Mutter. Von ihr erfuhr er, er sei der Auserwählte Gottes, dem stehe aus menschlicher Sicht allerdings das allgemein übliche Erstgeburtsrecht Esaus entgegen.

Als Esau eines Tages müde und hungrig vom Feld kam, hatte Jakob gerade ein Linsengericht gekocht.

Esau bat ihn um eine Portion davon. Da hatte Jakob eine Idee. Er verlangte dafür den Verzicht auf sein Erstgeburtsrecht. Esau war es egal und er stimmte zu.

Isaak wurde krank und blind und sah sein Ende kommen. Er bat Esau, ihm ein Wild zu schießen und als Mahlzeit zuzubereiten. Rebekka sah eine Chance für Jakob und forderte ihn auf, ihr zwei Ziegenböckchen zu bringen. Sie werde daraus ein leckeres Mahl zubereiten, das er anstelle von Esau seinem Vater bringen solle. Dann werde er den Segen erhalten. Jakob hatte Bedenken. Der Vater werde ihn an seiner glatten Haut erkennen und ihn statt zu segnen verärgert verfluchen. Seine Mutter tat dies mit dem Hinweis ab, den Fluch werde sie auf sich nehmen. Sie vertraute auf Gottes Zusage für den Jüngeren und hatte darüber ganz bestimmt schon mit Isaak gesprochen.

Esau glaubte nicht wie seine Eltern und sein Bruder an die Verheißungen Gottes, die ohnehin erst in späterer Zeit in Kraft treten würden. Er hatte inzwischen zwei Hetiterinnen geheiratet, was den Eltern gar nicht gefiel. Sie kannten aber seine Neigung zur Gewalt, wenn etwas nicht nach seinen Wünschen lief. Isaak hätte deshalb nicht gewagt, ihm den Segen zu verweigern.

Rebekka holte Esaus Festtagsgewand für Jakob und bedeckte die freien Stellen an seinem Hals und an den Armen und Händen mit Ziegenfell. So verkleidet brachte er seinem Vater das Essen. Isaak wunderte sich, dass es so schnell ging. Die Erklärung, Gott habe ihm geholfen, hätte Esau nie gegeben. Er erkannte auch Jakobs Stimme. Isaak äußerte seinen Zweifel, ließ die Verkleidung aber gelten und gab Jakob den Erstgeburtssegen.

Kurz darauf brachte Esau das Wildgericht und Isaak fragte ihn erschrocken, wer er sei, denn er habe schon gegessen. Es habe sich jemand für ihn ausgegeben und den Segen erhalten. Da wurde Esau sehr wütend und schwor Rache. Jakob habe ihn nun zweimal betrogen.

Rebekka empfahl Jakob, sich schnell zu verstecken bis Esau sich beruhigt habe. Sie ging zu Isaak und sagte, falls auch Jakob sich eine einheimische Frau nehme, wolle sie nicht mehr leben. Isaak ließ Jakob sofort kommen und befahl ihm, sich endlich eine Frau zu suchen; aber in der Heimat seiner Mutter. Gott werde mit ihm sein und ihn segnen. Jakob war sofort einverstanden. Nun hatte er einen Grund, seine Heimat eilig zu verlassen. Er nahm nichts mit, obwohl zumindest Brautgeschenke angebracht gewesen wären. Er hatte ein schlechtes Gewissen und sehr viel Angst vor seinem Bruder. Erst 22 Jahre später kam er zurück, um sich mit Esau zu versöhnen. Isaak erlebte dies noch. Er wurde 180 Jahre alt.

Esau erkannte, wie sehr er seine Eltern mit der Wahl seiner Frauen verärgert hatte. Er suchte nach einer Möglichkeit, ihr Wohlwollen zurückzugewinnen. Er wusste, dass Isaak und Ismael sich als Brüder immer noch nahestanden und auf Ismael immer noch Abrahams Segen ruhte, Stammvater vieler Völker zu werden. Esau suchte also seinen Onkel auf und nahm zusätzlich zu den Hetiterinnen seine Cousine Mahalat zur Frau.

Stammvater Israel

Jakob zog in Richtung Haran. Als die Sonne unterging, begab er sich an einen großen Stein gelehnt zur Ruhe. Im Traum sah er eine Leiter zwischen Himmel und Erde. Engel stiegen hinauf und hinab. Oben stand Gott und sprach: »Ich bin der Herr, der Gott deines Vaters, Abrahams und Isaaks Gott. Das Land, auf dem du liegst, will ich dir und deinen Nachkommen geben.« Er wiederholte alles, was er schon Abraham und Isaak verheißen hatte und fügte hinzu: »Ich bin mit dir und behüte dich, wohin du auch gehst. Ich bringe dich zurück in dieses Land.«

Als Jakob erwachte, erschauerte er vor Ehrfurcht. Er hatte nicht erwartet, Gott zu begegnen. Jetzt erkannte er diesen Platz als heiligen Ort, die Pforte des Himmels. Er richtete den Stein auf als Denkmal, goss Öl darüber, ihn zu weihen, und nannte den Ort Beth-El, Gottes Haus. Er betete, Gott möge ihn weiter behüten auf seiner Reise, ihn mit Nahrung und Kleidung versorgen und schließlich in Frieden zu seinem Vater zurückbringen. Er werde ihm von allem, was er durch ihn erhalte, den zehnten Teil geben.

Dann zog Jakob weiter nach Osten. Er kam an einen Brunnen auf freiem Feld, neben dem Schafe lagerten. Hirten trieben ihre Herden zusammen, um sie hier zu tränken. Jakob fragte einen, wo er sich hier befände. Als er hörte, sie kämen aus Haran, wollte er wissen, ob sie vielleicht Laban, den Sohn Nahors, kennen würden. Da traf gerade eine Hirtin mit ihrer Herde ein, und Jakob erfuhr, das sei Rahel, Labans Tochter. Jakob trat sofort zum Brunnen, wälzte den schweren Stein von der Öffnung und ließ ihre Tiere trinken. Gleichzeitig überfiel ihn ein Glücksgefühl. Er umarmte Rahel und küsste sie. Dann brach er in Tränen aus und sagte ihr, er sei der Sohn der Schwester ihres Vaters. Sie lief schnell nach Hause, um seine Ankunft zu melden. Jakob folgte ihr langsamer und wurde von seinem Onkel Laban herzlich empfangen.

Jakob nahm die Gastfreundschaft gern an. Er hatte sich unsterblich in Rahel verliebt. Als der Onkel fragte, welchen Lohn er verlange, wenn er für ihn arbeiten würde, antwortete Jakob, er sei bereit, sieben

Jahre auf Lohn zu verzichten, wenn er Rahel heiraten dürfe. Laban stimmte zu. Es war eine lange Verlobungszeit, und nach Ablauf der sieben Jahre musste Jakob Laban an die Hochzeit erinnern. Es gab ein großes Fest. Jakob war glücklich und ahnte nichts Böses.

Wie es üblich war, war die Braut verschleiert und wurde abends so ins dunkle Brautgemach geführt. Der Bräutigam durfte erst eintreten, wenn sie im Bett lag. Jakob erwartete dort selbstverständlich Rahel, doch als er am nächsten Morgen erwachte, lag deren ältere Schwester Lea neben ihm.

Wütend stellte Jakob seinen Onkel zur Rede. Laban entschuldigte sich damit, es sei nicht üblich, die jüngere Tochter vor der älteren zu verheiraten. Nach der Brautwoche solle ihm auch Rahel gehören für weitere sieben Jahre Dienst. Jakob war notgedrungen einverstanden. Vielleicht dachte er an seinen eigenen Betrug an seinem Bruder.

Lea bekam ein Kind nach dem anderen und hoffte jedes Mal, nun werde Jakob sie lieben. Doch Liebe lässt sich nicht erzwingen. Rahel blieb kinderlos und wurde eifersüchtig auf ihre Schwester. Sie war völlig verzweifelt, obwohl Jakob ihr immer wieder bestätigte, wie sehr er sie liebe. Schließlich gab sie Jakob ihre Magd Bilha als Leihmutter. Nachdem diese zwei Söhne geboren hatte, griff Lea zu demselben Mittel und gab Jakob ihre Magd Silpa; denn nach dem vierten Kind war sie nicht mehr schwanger geworden. Silpa bekam ebenfalls zwei Söhne. Danach gebar Lea wieder zwei Söhne und eine Tochter. Endlich wurde auch Rahel Mutter eines Sohnes. Dieses Kind der Liebe wurde Jakobs Liebling Josef.

Nun hielt Jakob die Zeit für gekommen, mit seiner großen Familie heimzukehren. Laban antwortete ihm, er wisse, dass er durch seinen Gott gesegnet sei. Deshalb wolle er, dass er bleibe. Er sei bereit, ihm als Lohn zu zahlen, soviel er wolle.

Jakob wollte endlich für seine große Familie Eigentum erwerben und verlangte einen Teil der Schafe, und zwar alle schwarzen und gefleckten. Laban erklärte sich einverstanden, ließ die bunten Schafe dann aber auf eine weit entferne Weide bringen. Jakob hatte keine Möglichkeit, den ihm versprochenen Teil auszusondern und musste weiter Labans weiße Schafe hüten.

Da griff Jakob zu einem Trick mit geschälten Holzstäben in der Wasserrinne. Im nächsten Frühling brachten die weißen Schafe nur gesprenkelte Lämmer zur Welt, die Jakob für sich aussonderte. Als sich dies wiederholte, ließ Jakob die Stäbe weg, damit auch wieder weiße Lämmer geboren würden. So ging es einige Jahre und Jakob wurde reich. Ein Engel erschien ihm im Traum und sagte ihm, der Herr habe alles gesehen, was Laban ihm angetan habe. Deshalb würde die Herde nur noch von gesprenkelten und bunten Böcken besprungen.

Laban versuchte, die Abmachung immer wieder zu ändern und seine Söhne behaupteten, Jakob bestehle sie. Die Stimmung gegen ihn wurde feindlicher. Gott sagte Jakob, es werde endlich Zeit, heimzukehren.

Jakob rief seine Frauen zu sich aufs Feld, wo sie niemand hören konnte, und erklärte ihnen den Sachverhalt und die unredlichen Machenschaften ihres Vaters. Sie fühlten sich ebenfalls von ihm betrogen und waren einverstanden, möglichst bald abzureisen. Jakob war nicht bereit, sich noch einmal mit Laban auseinander zu setzen, und nutzte die Zeit, als Laban weit entfernt bei seinen Herden zur Schafschur war. Rahel packte heimlich seine Hausgötter ein. Vielleicht erkannte er dann, dass sie ihm nichts nutzten. Sie vertraute Jakob und seinem Gott und freute sich darauf, endlich seine Heimat kennen zu lernen. Schnell lud Jakob die ganze Habe, Frauen und Kinder auf Kamele und verließ mit allen seinen Leuten Paddan-Aram.

Jakob überfiel Angst vor der Begegnung mit seinem Bruder. In Laban sah er keine Gefahr mehr. Doch als Laban die Flucht bemerkte, nahm er sofort die Verfolgung auf. Nach sieben Tagen erreichte er die Geflohenen am Berg Gilead. In der Nacht warnte Gott ihn im Traum. Er dürfe Jakob nicht das Geringste vorwerfen, sondern dürfe nur freundlich mit ihm reden. Als sie zusammentrafen, beschwerte er sich lediglich, dass er sich nicht von seinen Töchtern und Enkeln verabschieden konnte. Er hätte sie so gern mit fröhlicher Musik ein Stück begleitet. Jakob erwiderte, das hätte er nicht für möglich gehalten, sondern befürchtet, Laban werde sie wieder nicht ziehen lassen.

Der Diebstahl der Götterfiguren war Laban aufgefallen und er sprach es an. Jakob wusste nichts davon und erlaubte Laban, das Lager zu durchsuchen. Bei wem sie gefunden würden, den dürfe er töten. Rahel erschrak, lief in ihr Zelt und setzte sich auf die Tasche mit den Figuren. Als Laban auch in ihrem Zelt suchte, bat sie ihn um Entschuldigung, dass sie nicht aufstehe. Sie könne es leider nicht, weil sie ihre Tage habe.

Nun wurde Jakob ärgerlich. Zwanzig Jahre habe er ihm ohne wirklichen Lohn gedient. Nun werde er grundlos verdächtigt und alle seine Sachen durchwühlt. Laban lenkte ein. Es seien seine Töchter und Enkel und er könne nichts für sie tun, doch er wolle einen Bund mit Jakob machen. Da ließ Jakob einen Steinhaufen aufrichten und nahm auf diesem mit Laban ein Mahl zu sich. Sie schlossen einen Friedensvertrag und nannten den Steinhaufen Zeugenhügel. Jakob schlachtete ein Opfertier und lud auch Labans Söhne zum Essen ein.

Am nächsten Morgen küsste Laban seine Töchter und Enkel und verabschiedete sich von Jakob mit mahnenden Worten, seine Angehörigen immer gut zu behandeln und vor Leid zu bewahren. Dann zog er mit seinen Leuten nach Hause.

Jakob setzte seinen Weg fort und glaubte, Engel zu sehen. Er erkannte, dass Gottes Heerscharen um sie gelagert hatten, während er sich mit Laban auseinandersetzte. Deshalb nannte er diesen Ort Doppellager.

Jakob schickte Boten voraus zu seinem Bruder. Sie sollten ihm sagen, er sei bis jetzt bei Laban gewesen und kehre nun mit seiner Familie und allem Hab und Gut heim. Er hoffe auf Gnade. Als sie zurückkamen, meldeten sie ihm, Esau komme ihm mit 400 Männern entgegen. Da bekam Jakob wieder Angst, obwohl er wusste, dass Gott bei ihm war und diese Reise angeordnet hatte.

Er teilte seine Leute und seine Herden in mehrere Gruppen und stellte ein Geschenk zusammen für seinen Bruder. Die kleine Herde schickte er voraus mit dem Auftrag an die Begleiter, sie als Geschenk von ihm zu übergeben, falls sie Esau begegnen und er fragen sollte, wer sie seien. Nachdem er auch seine Frauen und Kinder mit allem, was ihnen gehörte, über den Fluss Jabok gebracht hatte, blieb er allein zurück.

Wieder war es Nacht. Plötzlich wurde er von einem Fremden angegriffen. Jakob verteidigte sich, konnte ihn aber nicht überwältigen. Sie rangen bis zum Morgengrauen. Da wurde Jakobs Hüftgelenk verrenkt und der Angreifer wollte verschwinden. Wenn einer den andern nicht besiegen konnte, war es bei Ringkämpfern üblich, den Gegner um Segen zu bitten, um sich in Frieden zu trennen. Jakob hielt den Fremden fest und sagte: »Ich lasse dich nicht gehen, bevor du mich segnest.« Nun fragte der andere nach seinem Namen und antwortete dann: »Du sollst nicht mehr Jakob heißen, sondern **Israel**. Du hast mit Gott und Menschen gekämpft und die Gegenwart Gottes ertragen.« Da nannte Jakob den Ort Gottesgesicht, weil er Gott gesehen hatte, und fühlte sich gestärkt.

Seit diesem Kampf am Jabok hinkte Jakob. Er hatte aber nicht Gott besiegt, wie man es in einigen Übersetzungen liest. Durch den neuen Namen wurde seine Standhaftigkeit belohnt. Er bedeutet, in der Nähe von Gott und bei den Menschen zu sein, und sollte auf das ganze Volk und das Land übertragen werden. Der neue Name ersetzte nicht seinen bisherigen wie es bei seinem Großvater war. Mit diesem Segen wurde Jakob von seiner Vergangenheit als Segensbetrüger rehabilitiert. Vor Gott war er der Auserwählte, von dem nun Ehrlichkeit und Beständigkeit erwartet wurde.

Als er Esau später kommen sah, ordnete er seine Familie hinter sich und ging dem Bruder entgegen. Er verbeugte sich siebenmal respektvoll, bevor er ihn erreichte. Seine Furcht, er könne ihm feindlich gesinnt sein und ihn angreifen, war jedoch hinfällig. Esau kam auf ihn zugelaufen, fiel ihm um den Hals und küsste ihn voller Freude.

Er wunderte sich über die Frauen und Kinder und fragte nach den Herden, die er gesehen hatte. Jakob stellte ihm seine Familie vor und sagte ihm, eine der Herden sei als Geschenk für ihn vorgesehen. Esau erwiderte, er habe genug, doch Jakob nötigte ihn, sie anzunehmen.

Dann wollte Esau, dass sie gemeinsam weiterzögen. Jakob antwortete, mit den Viehherden, Frauen und Kindern sei er zu langsam. Esau wollte ihm einige Leute als Schutz da lassen, doch auch das lehnte Jakob ab. So kehrte Esau allein nach Seir im Gebiet Edom zurück.

Jakob hatte nicht vor, künftig bei seinem Bruder zu leben. Er siedelte sich zunächst in einem Gebiet an, das er Sukkot nannte. Später zog er weiter bis Sichem in Kanaan. Er kaufte ein Grundstück, um sesshaft zu werden. Darauf errichteten sie ihre Hütten und Zelte und selbstverständlich auch einen Altar für den Gott Israels.

Dina war zu einer hübschen Jungfrau herangewachsen und wollte sich die Stadt ansehen. Sie ging allein umher und begegnete Sichem, Sohn des Landesfürsten Hamor. Die fremde Schönheit weckte seine Begier. Er ergriff sie und vergewaltigte sie. Da ihm das Mädchen gefiel, wollte er sie heiraten, um sein Unrecht auszulöschen. Sein Vater suchte also Jakob auf, um alles für die Eheschließung zu besprechen.

Jakobs Söhne kamen vom Feld und wurden sehr zornig, als sie von der Schandtat hörten. Den Heiratsantrag sahen sie nicht als Wiedergutmachung, sondern als Beleidigung. Hamor versuchte ihnen die Idee einer Vermischung der Israeliten mit den Hiwitern schmackhaft zu machen. Da hatten die Söhne eine hinterhältige Idee.

Sie stimmten der Ehe zu unter der Bedingung, dass alle Männer in der Stadt beschnitten würden. Das sei Gottes Forderung. Hamor und sein Sohn waren einverstanden und überredeten die Bürger der Stadt. Jakob hatte sehr große Viehherden. Sie versprachen sich viele Vorteile von einer Verbindung der Stämme. Die schmerzhafte Prozedur wurde sofort bei allen Männern durchgeführt. Als das Wundfieber eintrat, griffen Simon und Levi, Dinas Brüder, zum Schwert und brachten die nun wehrlosen Männer in der Stadt um, plünderten und raubten. Das sollte die Strafe für die Entehrung ihrer Schwester sein.

Jetzt war Jakob entsetzt. Er fürchtete mit Recht die Rache aller Kanaaniter und Peresiter. Da forderte Gott ihn auf, nach Beth-El zurückzukehren, wo er ihm zuerst begegnete. Jakob erkannte, dass Umkehr nötig sei und ein Neuanfang mit Gott. Bevor er den Befehl zum Aufbruch gab, verlangte er von seinen Leuten, allen fremden Göttern abzusagen. Der Herr habe ihn in jeder Bedrängnis erhört und sei immer mit ihnen gewesen. Er allein sei Gott. Alle Götterzeichen wurden eingesammelt und unter einer Terebinthe vergraben. Diese Bäume galten als Orte für den Götzenkult. Auch

Rahel gab die Hausgötter ab, die sie ihrem Vater gestohlen und ihn deswegen belogen hatte.

In Beth-El wiederholte Gott alle vorherigen Verheißungen und auch die Namensänderung Jakobs in Israel. Jakob errichtete erneut einen Gedenkstein, weihte ihn mit Öl und bestätigte den Ortsnamen mit der Verdoppelung des Hinweises auf Gott in El-Beth-El.

Dann wurde Rahel noch einmal schwanger, doch sie überlebte die Geburt nicht. Jakob nannte das Kind Benjamin. Rahel wurde am Weg nach Efrata, das später Bethlehem genannt wurde, begraben und ein Gedenkstein aufgestellt.

Die Entstehung des Volkes **Israel** mit eigenem Staatsgebiet hat Jakob nicht mehr erlebt. Zwar gründeten seine Söhne Familien, doch sie gerieten, wie es bereits Abraham vorausgesagt worden war, in ägyptische Sklaverei. Ursache war ihre Eifersucht auf Jakobs Lieblingssohn Josef, den sie als Sklaven verkauften. Eine Hungersnot führte sie dann als freies Hirtenvolk nach Ägypten. Da war Jakob 130 Jahre alt. Bevor er 17 Jahre später starb, ließ er Josef schwören, seinen Leichnam in der Familiengrabstätte in der Höhle Machpela bei Mamre in Kanaan beisetzen zu lassen, die sein Großvater Abraham gekauft hatte.

Als auch Josef nicht mehr lebte, wurde das fremde Volk versklavt. Erst 210 Jahre nach ihrer Einreise in Ägypten erwählte Gott einen neuen Hirten für sein Volk. Er hatte eine ägyptische Bildung genossen und hieß Mose. Erst nach dessen Tod durften die zwölf Volksstämme das verheißene Land in Besitz zu nehmen.

Die zwölf Söhne Jakobs hatten vier verschiedene Mütter. Ihre unterschiedlichen Charaktere blieben dem Volk erhalten. Die Gesetze wurden weiter ausgefeilt, doch die Verbindung zu Gott wurde immer lockerer. Trotzdem gab Gott sein Volk niemals auf. Die Juden sind und bleiben bis zum Ende der Welt sein auserwähltes Volk, allerdings nicht mehr als Vorbild.

KINDER GOTTES

Gottes letztes Liebesangebot

Am Anfang war das Wasser,
dazu kam Gottes Geist.
So entstand das Leben,
das uns zum Himmel weist.

Die Menschen taten vieles
als Herrscher dieser Welt
trotz häufiger Ermahnung,
was Gott gar nicht gefällt.

Gott liebt seine Kinder
und will nicht ihren Tod.
Sie sollen mit ihm leben
im ewigen Morgenrot.

So ist er selbst gekommen
als Mensch von Fleisch und Blut.
Wer ihn hat aufgenommen,
für den wird alles gut.

Des Lebenswassers Quelle,
von seinem Blut gespeist,
macht heil zerstörte Seelen.
Das sagt uns Gottes Geist.

König Davids Abstammung

Der vierte Sohn aus Jakobs Ehe mit Lea hieß **Juda**. Aus dessen Stamm kam der von Gott auserwählte König David. Es heißt, er war ein Mann nach dem Herzen Gottes, was ziemlich seltsam erscheint, wenn man sein Leben betrachtet.

Das Volk Israel hatte sich einen König ertrotzt, der nicht an Gott festhielt. So wurde der Prophet Samuel beauftragt, heimlich einen neuen Thronfolger zu salben. Gott schickte ihn nach Bethlehem, dort ein Schlachtopfer für den Frieden darzubringen und Isai und seine Söhne dazu einzuladen. Er werde ihm ein Zeichen geben. Samuel gehorchte, doch nach der Begrüßung Isais und seiner Söhne war er ratlos. Er fragte, ob das alle seien, und erfuhr, es gäbe noch den Knaben David, der hüte die Schafe. Das war kein angesehener Beruf. Hatte David vielleicht eine andere Mutter als seine sieben Brüder? Darüber wird nichts berichtet. Er wurde gerufen und Gott ließ Samuel wissen, dies sei sein Auserwählter. Nach der Salbung kehrte David zu seinen Schafen zurück. Eine Erklärung erfuhr die Familie nicht.

Als König Saul wieder von bösen Geistern geplagt wurde, suchten seine Diener nach einem guten Harfenspieler und kamen auf David. Sein Spiel half dem König tatsächlich und er behielt ihn am Hof als Waffenträger, damit er immer sofort spielen konnte, wenn es nötig war.

Dann griffen die Philister wieder an, Saul zog ins Feldlager und David kehrte zu seinen Schafen zurück. Seine drei ältesten Brüder wurden Krieger und ihr Vater schickte David mit einigen Lebensmitteln zu ihnen. Er sollte sich erkundigen, wie es ihnen gehe. Als David die Drohungen Goliaths mitbekam und Interesse für das Kriegsgeschehen zeigte, wurde sein ältester Bruder zornig und beschimpfte ihn. Er sei boshaft und unzuverlässig und lasse seine Schafe im Stich, um sich hier wichtig zu tun. Dass David viele Jahre später einmal König sein würde, ahnte zu diesem Zeitpunkt wohl niemand.

In Davids Stammbaum werden seit der Zeit des Namensgebers des Stammes Juda drei Mütter namentlich genannt: Thamar, Rahab und Ruth.

Juda hielt sich nicht an die Vorgabe, keine Kanaaniterin zu heiraten. Er verliebte sich in Sua und sie gebar ihm die Söhne Ger, Onan und Sela. Die ganze Familie lebte nicht Gott wohlgefällig. Ger galt als besonders böse vor dem Herrn. Nachdem er Thamar geheiratet hatte, starb er bevor sie schwanger wurde. Den Gebräuchen entsprechend, hätte ihr Schwager Onan sie nun schwängern müssen. Er war zwar bereit, mit ihr zu schlafen, verhinderte aber, seinem verstorbenen Bruder Nachwuchs zu zeugen, indem er den Akt vorzeitig abbrach. Auch er starb also kinderlos. Nun hatte Juda hatte Angst, auch seinen jüngsten Sohn zu verlieren. Er erklärte Thamar, Sela sei noch zu jung. Er schickte sie in ihr Elternhaus zurück, ohne sie freizugeben. Angeblich sollte sie später Selas Frau werden. Darauf wartete sie vergeblich.

Juda wurde selbst Witwer und **Thamar** erfuhr, er wolle am Schafschurfest teilnehmen. Bei derartigen Volksfesten boten sich Tempelhuren an. Da hatte Thamar eine Idee, ihre zukünftige Versorgung zu retten.

Sie verkleidete und verschleierte sich und setzte sich an den Weg, den Juda gehen musste. Er sprach sie tatsächlich an und wollte ihr für ihre Dienste nach dem Fest einen Ziegenbock bringen. Sie war einverstanden, verlangte aber als Pfand seinen Siegelring, Kette und Stab.

Thamar zog sich nach dem Akt wieder um und ging zurück. Als Juda später seinen Freund schickte, die Gegenstände einzulösen, fand er sie nicht. Niemand hatte je eine Hure an diesem Weg gesehen. Um nicht ins Gerede zu kommen, ließ Juda die Sache auf sich beruhen.

Drei Monate später wurde ihm zugetragen, seine Schwiegertochter sei schwanger. Erbost verurteilte er sie wegen Unzucht zum Tod. Da zeigte sie ihm die Pfänder und fragte, ob er sie kenne; denn von diesem Mann sei sie schwanger. Da erschrak Juda sehr und musste zugeben, sie sei gerechter als er. Er nahm Thamar wieder in sein Haus auf, rührte sie aber auch nach der Geburt der Zwillinge Perez und Serah nicht mehr an.

Es vergingen mehr als zweihundert Jahre. Als Josua nach der Flucht aus Ägypten und der Wüstenwanderung die Stadt Jericho ausspionieren ließ, kehrten die Kundschafter im Haus der Hure **Rahab** ein, um dort zu übernachten. Sie waren in der Stadt erkannt worden und die Häscher des Königs suchten sie. Rahab bestätigte, sie seien bei ihr gewesen, wären aber gegangen, bevor das Stadttor geschlossen wurde. Sie könnten auf ihrem Weg zum Jordan noch nicht weit gekommen sein.

Die Männer nahmen die Verfolgung auf. Rahab ging zu den Kundschaftern, die sie auf dem Flachdach versteckt hatte. Sie erzählte ihnen, dass sie die Verfolger getäuscht habe und ihnen helfen werde zu entkommen. Das Haus stand direkt auf der Stadtmauer. Dort konnten sie an einem Seil herunterklettern. Rahab empfahl ihnen, ein paar Tage im Gebirge zu bleiben. Sie sei nach allem, was sie gehört habe, überzeugt, ein starker Gott sei mit ihnen und ihr eigenes Volk werde untergehen. Sie bat, ihr bei diesem Gott zu schwören, sie, ihre Eltern und Geschwister zu verschonen. Die Kundschafter sagten ihr zu, dass niemandem, der sich in diesem Haus befinde, etwas geschehen werde. Als Zeichen solle sie das rote Seil ins

Fenster binden. So geschah es. Bevor die Israeliten die Stadt völlig niederbrannten, führten sie Rahab und ihre Angehörigen hinaus ins Lager. Sie lebten fortan bei den Israeliten.

Das Land wurde wie von Gott versprochen, unter den zwölf Stämmen aufgeteilt. Ein Nachkomme des Perez mit Namen Salmon heiratete Rahab. Ihr gemeinsamer Sohn Boas erbte den väterlichen Landbesitz in Bethlehem. Wegen einer Hungersnot war Salmons Verwandter Elimelech mit seiner Familie nach Moab ausgewandert. Sie hatten dort jedoch kein Glück. Seine Witwe hatte Heimweh und fühlte sich fremd und verlassen, nachdem auch ihre Söhne kinderlos gestorben waren. Ihre nun ebenfalls verwitwete Schwiegertochter **Ruth** begleitete sie und fühlte sich verpflichtet, ihr beizustehen. Beim Ährenlesen lernte sie Boas kennen.

Sie gefiel ihm und er erfuhr, dass er ein Verwandter ihres Schwiegervaters war und sie eine kinderlose Witwe. Er wäre also ihr Löser. Allerdings gab es noch einen näheren Verwandten. Als Boas ihn darauf ansprach, lehnte er ab. So heiratete Boas sie. Ihr Sohn

Obed wurde der Großvater von König David. Über Ruth gibt es in der Bibel ein ganzes Buch.

Gott greift noch einmal ein

Wieder ging es nicht ohne drei Frauen, die unterschiedlicher nicht sein konnten. Sie hießen Bathseba, Elisabeth und Maria.

Es war Krieg, doch der König blieb zu Hause. David ließ es sich gut gehen und langweilte sich vielleicht sogar. So geschah es, dass er eines Tages im Garten eines Nachbarhauses eine badende Frau sah, als er auf dem Flachdach seines Palastes auf und ab ging. Sie schien sehr schön zu sein und er erkundigte sich, wer sie sei. Es war **Bathseba**, die Frau des Hetiters Uria, der im Krieg war. David konnte sein Begehren nicht beherrschen und ließ sie holen. Sie wagte nicht, sich seinen Zudringlichkeiten zu widersetzen. Er war schließlich der König, und nachdem er mit ihr geschlafen hatte, ging sie zurück in ihr Haus.

Als sie einige Wochen später feststellte, dass sie schwanger geworden war, ließ sie es den König wissen. Damit hatte David nicht gerechnet und verging sich erneut gegen Gottes Gebote. Er sandte eine Botschaft an die Front und ließ den Hetiter Uria zu sich kommen. Als er erschien, fragte er nach diesem und jenem und wollte ihn zu seiner Frau zum übernachten schicken. Uria lehnte ab. Seine Kameraden lägen auf freiem Feld, da könne er es sich nicht zu Hause gut gehen lassen. David versuchte nun, ihn betrunken zu machen, und hoffte, dann werde er selbst den Wunsch haben, mit seiner Frau zu schlafen. Doch Uria blieb standhaft. Jetzt gab es nur noch eine Möglichkeit, die eigene Schuld zu vertuschen. David schrieb einen Brief und ordnete an, Uria an die vorderste Front zu stellen, damit er bestimmt getötet werde. Diesen versiegelten Brief gab er Uria zur Beförderung an seinen Feldherrn. Bald erfuhr er von einem sehr gewagten Kampf, den er normalerweise nicht für richtig gehalten hätte. Bei diesem war Uria getötet worden und David war zufrieden.

Er nahm die trauernde Witwe zu sich. Als das Kind geboren war, schickte Gott ihm den Propheten Nathan, der ihm ins Gewissen redete und Unglück voraussagte. Das Kind erkrankte schwer. David fastete, betete und tat Buße. Als das Kind starb, tröstete er Bathseba und machte sie zu seiner Königin. Nun segnete Gott die Ehe mit weiterem Nachwuchs. Ihr Sohn Salomo wurde Davids Nachfolger auf dem Thron. Ein Nachkomme seines Bruders Nathan war Vorfahr des Mädchens **Maria**, das Gott als Mutter seines Sohnes erwählte.

Nach dem Tod des weisen Königs Salomo zerfiel der Staat. Zehn Stämme aus den Söhnen Israels bildeten das Nordreich mit der Hauptstadt Samaria. Das Südreich mit der Hauptstadt Jerusalem blieb bei Juda und Benjamin. Daher rührt die Volksbezeichnung Juden. Jesus Christus als Nachkomme Davids war also Jude und sagte öffentlich, das Heil komme von den Juden. Sein Wegbereiter war der Täufer Johannes, Sohn eines Priesters.

Der Priester Zacharias lebte mit seiner Ehefrau **Elisabeth** nach den Geboten Gottes. Sie waren beide schon älter und noch kinderlos. Der Dienst im Tempel wurde nach der Priesterordnung verlost. Als es Zacharias traf, das Rauchopfer darzubringen, erschien ihm ein Engel. Er verkündete ihm, Elisabeth werde einen Sohn gebären, den solle er Johannes nennen. Verwundert hörte Zacharias dem Engel zu, konnte sich aber nicht vorstellen, dass es wahr sein könnte. So beendete der Engel seine Rede mit den Worten, da er ihm nicht glaube, werde er von nun an stumm sein.

Als Zacharias vor das Volk trat, konnte er nicht sprechen, machte nur ein paar Handzeichen. Jeder vermutete, er habe eine Erscheinung gehabt. Verwirrt ging er nach Hause und konnte sich auch Elisabeth gegenüber nur schriftlich äußern. Kurze Zeit später erzählte sie ihm, ihre Gebete seien erhört worden. Sie sei schwanger.

Sechs Monate später kam unverhofft Maria zu Besuch. Noch während der Begrüßung wurden beide vom Heiligen Geist erfüllt. Sie lobten und priesen Gott für seine Wunder, die er an ihnen getan hatte.

Zacharias konnte erst wieder sprechen, als sein Sohn geboren war und er auf eine Tafel schrieb: »Er soll Johannes heißen«. Nun konnte auch er Gott preisen und allen erzählen, was der Engel ihm über dieses Kind gesagt hatte. Er werde erfüllt vom Heiligen Geist viele zum Glauben an Gott zurückführen und dem kommenden Messias den Weg bereiten.

Die wichtigste Geburt

Um die Zeit des Lebens Jesu möglichst genau fest-
zuhalten, ermittelte Lukas für sein Evangelium viele
Einzelheiten. Die benutzten Fachausdrücke und
Amtsbezeichnungen kannte damals jeder. Später
führten sie zu Übersetzungsfehlern und Missver-
ständnissen. Matthäus suchte nach Vorhersagen über
den Messias und nahm einen astrologischen Bericht
in sein Evangelium auf, der ihm passend erschien.
Woher er ihn hatte, erwähnt er nicht.

Bald rankten sich um das Leben des Heilands Legenden und die Evangelien wurden nicht mehr als
Tatsachenberichte gesehen. Dass sie es sind, bewies
der römische Jurist und Schriftsteller Tertullian. Er
hatte Zugang zum Staatsarchiv. Als er im Jahr 195
Christ geworden war, erwähnte er in einem theologi-
schen Streit die offiziellen Akten über den Zensus des
Kaisers Augustus, »den als treuesten Zeugen der

Geburt des Herrn die römischen Archive aufbewahren«. Diese Archive wurden später leider zerstört.

Als Anknüpfungspunkt für die Ausführung seines Heilsplans nahm Gott die Königsherrschaft Davids und dessen Geburtsort Bethlehem. Sein Sohn brauchte eine königliche Abstammung, aber keinen menschlichen Vater. Gott ist das Wort und wenn er spricht, geschieht es. Er
erwählte die Jungfrau Maria aus dem Stamm Davids, die in Nazareth wohnte. Der Name bedeutet Trotzige, Herbe, Bittere und beschreibt vielleicht ihren Charakter.

Maria erschrak über den ungewöhnlichen Besuch, erkannte aber Gottes Botschaft und war bereit für die Aufgabe. Er ließ ihr als Beweis ausrichten, ihre unfruchtbare Verwandte Elisabeth sei im sechsten Monat schwanger. Deren Name bedeutet: Gott hat es geschworen. Maria nahm das Angebot an und machte sich auf den Weg zu ihr.

Das Gespräch mit dem Erzengel Gabriel soll an der einzigen Quelle in Nazareth stattgefunden haben, über der später eine Kirche errichtet wurde. Das ist glaubhaft. Alle wichtigen Begegnungen mit Frauen fanden an Wasserstellen statt. Wasser ist die Lebensgrundlage und Jesus die Quelle lebendigen Wassers.

Der Baumeister Josef aus Bethlehem, ein Nachkomme des Königs Salomo, arbeitete vermutlich auf einer Baustelle in Sepphoris, der Hauptstadt Galiläas, sieben Kilometer entfernt von Nazareth. Er fand Gefallen an Maria, die nicht abgeneigt war, seine Frau zu werden. Ihr Bericht über eine plötzliche himmlische Erscheinung verunsicherte ihn und er nahm sich vor, während ihrer Abwesenheit ohne sie nach Bethlehem zurückzukehren.

Da erschien auch ihm ein Engel im Traum und überzeugte ihn. Er nahm Maria nach ihrer Heimkehr zu sich und wollte mit ihr gemeinsam erst nach der Geburt des Kindes nach Bethlehem reisen und auf seinem Grundstück für seine Familie ein Haus bauen. Die kaiserliche Anordnung ließ ihnen jedoch keine Zeit.

Die Herbergen waren für durchreisende Handelskarawanen eingerichtet und nicht auf Geburten vorbereitet. Reit- und Lasttiere brauchen Futtertröge. So fand das junge Paar zwar keinen eigenen Raum, als die Niederkunft sich plötzlich ankündigte, aber für das Kind ein geeignetes Bettchen. Die räumliche Nähe zu Tieren war bei einfachen Leuten nicht unüblich. Nun bekannte sich Gott öffentlich zu seinem Sohn und schickte seine Engel zu den Hirten.

Die kleine Familie zog wie geplant weiter zu den Verwandten. Alle drei wurden in den römischen Listen registriert und das Kind am achten Tag nach jüdischem Recht beschnitten. Sobald Marias Tage der Reinigung vollendet waren, also vierzig Tage nach der Geburt, reisten sie zur Heiligung des Erstgeborenen zum Tempel in Jerusalem. Dort wurde ihnen von zwei sehr alten Menschen bestätigt, dieses Kind sei etwas Besonderes. Simeon und die Witwe Hanna waren glücklich, den Heiland der Welt gesehen zu haben und segneten die Eltern.

Matthäus nennt nur den Geburtsort Bethlehem und berichtet dann über einen Besuch von Weisen aus dem Morgenland, aus denen die Legende drei heilige Könige machte. Die benutzten Fachausdrücke kommen sonst nirgendwo in der Bibel vor. Magoi war der Amtstitel der altbabilonischen Astrologen. Für den von Matthäus beschriebenen Stern gibt es für die von Lukas eingegrenzte Zeit nur eine einzige astronomische Erklärung.

In der altbabylonischen Stadt Sippar, etwa 90 km nördlich von Babylon, war die Astronomie erstaunlich weit entwickelt. Es gab ein gut ausgestattetes Planetarium und die Beobachtungen und Berechnungen wurden über mehrere Jahrhunderte in Keilschrift notiert. Mit deren Entzifferung wurde 1802 begonnen. Ab 1881/82 folgten Ausgrabungen in Sippar und 1925 kannte man den Text einiger Tontafeln dieser Sternwarte. Darauf stand, wenn Jupiter und Saturn sich im Zeichen der Fische treffen, werde im Westen ein großer König aufstehen und mit Gerechtigkeit, Frieden und Freude alle Völker beglücken. Die Sternbilder sollten dreimal zusammentreffen und zweimal scheinbar stillstehen. »Stehenbleiben« ist ein astronomischer Fachausdruck. Die Voraussage galt für das Jahr 7 vor der Zeitenwende.

Die staatlichen Sterndeuter, die in Sippar ihren Dienst taten, wollten das Jahrtausendereignis auf keinen Fall verpassen und beobachteten den Himmel besonders genau. Seit der Deportation um 587 v. Chr.

lebten noch viele Juden in Babylon. Auch in Sippar gab es eine jüdische Siedlung und es war bekannt, dass sie auf einen Messias warteten. Es war den Magoi schnell klar, ihre Beobachtungen waren in erster Linie für den israelitischen König wichtig.

Sie holten die Genehmigung ihres Dienstherrn für die Reise nach Israel ein und machten sich mit königlichen Geschenken auf den Weg nach Jerusalem. Sie benutzten Karawanenstraßen für die 800 römische Meilen lange Reise. Neben den notwendigen Nahrungsmitteln nahmen sie ihre Instrumente, Kalender und Uhren mit, um die Himmelserscheinung nicht aus den Augen zu verlieren.

Sie hatten keine Eile. Den Geburtstag des Kindes konnten sie nicht berechnen. Er war ihnen auch egal. Sie wollten nur dem jetzigen König die frohe Botschaft überbringen, dass der neugeborene oder noch erwartete Prinz ein großer Friedenskönig werden würde. Die kostbaren Geschenke waren für das Königshaus gedacht.

Doch dann kam alles ganz anders. Herodes war kein Jude, sondern König von Roms Gnaden und lebte in der Angst, seine Macht zu verlieren. Er befragte seine Ratgeber und schickte die Fremden nach Bethlehem. Da inzwischen die Zeit für den zweiten »Stillstand« gekommen war, machten sie sich in der Dämmerung auf den Weg, um an einer günstigen Stelle ihre Instrumente aufzubauen und die Sterne weiter zu beobachten.

Bethlehem lag vor ihnen auf einem Hügel. Die Sonne stand zu diesem Zeitpunkt weit unter dem Horizont. Die Ausmessung des Lichtkegels, die die Magoi natürlich vornahmen, verwies auf ein bestimmtes Haus. Dieser Anschein konnte nur durch das Zusammentreffen der Sternkonjunktion am Himmel und des Zodiakallichts (Reflektion des Sonnenlichts auf der Ebene der Ekliptik) entstehen, was Ende November möglich war.

Sie gingen zu dem Haus und fanden Maria und das Kind. Da die alte Prophezeiung auf den höchsten Gott hinwies, erkannten sie nun, dass es kein künftiger jüdischer König sein würde, sondern ein Weltenherrscher. So fielen sie vor ihm nieder und überreichten ihre kostbaren Geschenke. Die Richtigkeit ihrer

Handlung wurde ihnen durch einen Traum bestätigt, der sie warnte, zu Herodes zurückzukehren.

Wie alt das Kind war, ist nicht bekannt. Die Beschneidung des Knaben, die Reinigung der Mutter und die Heiligung im Tempel waren bereits gewesen. Herodes ging bei seiner Anordnung, alle Kleinkinder zu töten, von zwei Jahren aus. Vermutlich fand die Geburt zwischen dem 16. März und dem 4. April statt nach dem ersten Erscheinen des Jupiters im Frühaufgang. Der 1922 errechnete Termin, Sonntag 2. April, könnte richtig sein und Geburts- und Auferstehungstag zusammenfallen, passend zur Vollendung des Heilsplans.

Auch Josef wurde durch einen Traum gewarnt und floh sofort mit Frau und Kind vor der Verfolgung des Herodes. Um Josef später in Ägypten zu überzeugen, seinen Wohnsitz künftig in Nazareth zu nehmen, brauchte Gott zwei Träume. So wuchs Jesus nach Gottes Willen als Sohn eines Zimmermanns, genau genommen Baumeisters, in Nazareth auf.

Das entscheidende Ereignis

Gott schickte mit Jesus keinen neuen Propheten und auch keinen Religionsstifter. Religionen gab es schon damals mehr als genug und sie sind Gott ein Gräuel. Einzelheiten über Maria und die Erlebnisse mit ihrem Sohn Jesus werden im Buch »Maria und das Einhorn« - ISBN 978-3-7543-7387-3 - erörtert.

Jesus war kein Kind von Traurigkeit und predigte nicht Enthaltsamkeit von allen Freuden. Gottes Gesetze sollen Richtschnur sein, ein Sicherheitsnetz, kein Käfig. Gott-Vater ordnete für sein Volk Feiern und Festtage an. Von singen und tanzen ist in der Bibel häufig die Rede. *Wein erfreut des Menschen Herz*, sagt der Psalmist, und der Chor der Engel singt: *Freut euch!* Gewarnt wird allerdings vor Alkoholmissbrauch und vor rituellen Feiern ohne Gott. Gott würde das Trauerkleid seiner Kinder gern in ein Festkleid tauschen und mit ihnen feiern, verkündeten die Propheten wiederholt, wenn sie ihn ernst nähmen.

Jesus begann sein öffentliches Leben auf einer Hochzeit und sorgte für guten Wein, als er zur Neige ging. Er verglich das Reich Gottes mit dem Hochzeitsfest eines Königs für seinen Sohn und freute sich darauf, in der Ewigkeit mit seinen Freunden himmlischen Wein zu trinken. Die Offenbarung über das Ende der Welt schließt deshalb mit der Hochzeit des Lammes mit seiner Gemeinde, der geschmückten Braut, die danach stattfindet.

Entscheidend ist in allem die Liebe, weil Gott Liebe ist. Damit tun sich die Menschen schwer. Mit diesem Wort wird vieles ausgedrückt, was wenig oder nichts mit Liebe zu tun hat. Sich selbst zu lieben zeigt sich oft in Eitelkeit und Egoismus. Beliebt zu sein oder andere zu mögen ist ebenfalls nicht identisch mit Liebe. Fast jeder möchte zwar geliebt werden, hat aber Vorbehalte, sich ganz hinzugeben. Den Nächsten so zu lieben wie sich selbst und sogar die Feinde, scheint unmöglich zu sein. Wer sich auf Gott und seine überfließende Liebe einlässt, hat damit keine Probleme.

Der russische Präsident Wladimir Putin soll die Soldaten, die er in den Krieg gegen das Brudervolk

Ukraine schickte, mit dem Bibelwort Jesu motiviert haben: »Niemand hat größere Liebe als der, der sein Leben lässt für seine Freunde.« Er begründete den Angriff damit, man müsse die Ukraine vom Faschismus befreien. Wollte er den jungen Leuten in Aussicht stellen, sie würden in den Kämpfen als Helden der Liebe sterben? Das Wort Gottes zu verdrehen und zu missbrauchen, ist nicht neu. Besonders erschreckend ist hier, dass die Vermengung von Liebe und Hass in dieser schlimmen Lüge als Motivation für den Brudermord Unterstützung des Patriarchen der russisch-orthodoxen Kirche fand. Fürchtet er seinen Präsidenten mehr als Gott, dem zu dienen er vorgibt?

Liebe, die der Liebe Gottes am nächsten kommt, gibt es in der Beziehung zwischen Eltern und Kindern. Für eine liebevolle Erziehung sind Regeln und Anordnungen erforderlich, um den Nachwuchs ein erfülltes Miteinander im Leben zu lehren. Gute Eltern lassen ihren Kindern aber auch die Freiheit, sich auszuprobieren und aus eigenen Fehlern zu lernen. Sie müssen schließlich irgendwann selbständig mit ihrem Leben fertig werden. Die Liebe der Eltern geht dadurch nicht verloren. Das Elternhaus steht immer offen. Trotz gleicher Erziehung entwickeln sich die

Nachkommen eines Elternpaares sehr unterschiedlich, oft in verschiedene Richtungen. Auch die tiefste Elternliebe kann einen Absturz nicht verhindern.

So erging es auch Gott mit seinen Menschenkindern. Als er seine Erziehungsmaßnahmen auf ein Volk beschränkte, wurde es nicht besser. Sie sahen nicht die Liebe im Vordergrund, sondern das Gesetz, das unter allen Umständen eingehalten werden müsse. Wer das nicht tut, ist unter dem Fluch. Es buchstabengetreu einzuhalten, ist aber unmöglich. Deshalb hat Jesus uns von diesem Fluch befreit. Nun gilt: Der Gerechte wird aus Glauben leben.

Jesus verstieß immer wieder gegen einzelne Vorschriften, erklärte ihre Bedeutung und wollte seinen Landsleuten bewusst machen, auf den Sinn im Einzelfall kommt es an. Er hob die Gebote nicht auf, sondern erfüllte sie selbst ein für alle Mal für die ganze Welt. *Verflucht ist jeder, der am Holz hängt*, hieß es. Deshalb gehörte zur Vollendung von Gottes Heilsplan zur Rettung der Menschheit Jesu Tod am Kreuz. Der Fluch, der den ungehorsamen Menschen galt, traf ihn. Er, der immer mit Gott in Verbindung stand und niemals sündigte, wurde kurzzeitig im Tod von seinem Vater getrennt. Er zertrat dadurch der Schlange den Kopf, und der Tod verlor seine Macht. Das war Gottes letztes Liebesangebot an seine Kinder. Er erwartet von ihnen, seine Liebe weiterzugeben an alle, auch an die Feinde.

Der Mensch Jesus ist gestorben und verbrachte 39 Stunden im Totenreich, von Freitag, 15 Uhr, bis Sonntag, 6 Uhr, um gegen Tod und Teufel zu kämpfen. Dann stand er sichtbar vor seinen Freunden, redete und aß mit ihnen. 39 Tage später kehrte er heim.

Die ersten, denen er sich nach seiner Auferstehung zeigte, waren Frauen. Er schickte sie zu seinen Jüngern, ihnen die frohe Botschaft zu verkünden. Doch Frauen galten für wenig glaubwürdig. Erst als er persönlich erschien und sie ihn anfassen konnten, schwanden ihre Zweifel. Jesus musste ihnen leider sagen, dass Glaube kein körperliches Sehen voraussetzt. Wer Jesu Liebestat im Glauben annimmt, hat die Eintrittskarte ins Ewige Leben, egal ob Mann oder Frau.

Leider tun sich die Kirchen, aber auch einzelne Christen, immer noch sehr schwer mit der Gleichberechtigung der Geschlechter. Die biblischen

Wahrheiten können sie zwar nicht leugnen, sie relativieren sie aber als Einzelfälle, die es immer gibt. Der männlichen Entscheidung hat Gott zwar von Anfang an nicht widersprochen, aber stets anders gehandelt. Mögen die von ihm im Laufe der Jahrhunderte auserwählten Frauen Einzelfälle gewesen sein, Jesus hat von keiner Frau Unterordnung verlangt, sondern begegnete ihnen ebenso wie den Männern. Wichtig ist die Verbindung der Menschen mit Gott, eine Dreieinigkeit.

Jesus ist körperlich auferstanden, um alle zu überzeugen, Gottes Heilsplan ist erfüllt. Bevor er von der Erde verschwand, versprach er ihnen den Heiligen Geist. Seinen irdischen Leib ließ er nicht zurück, denn er kennt die Menschen. Er befürchtete zu Recht, man werde seinem Grab mehr Ehre erweisen als ihm und seine Botschaft vergessen. Es gibt trotzdem nicht nur eine Grabeskirche an dem Ort seines Todes, sondern man verehrt auch sein Leichentuch, Nägel von seinem Kreuz und sogar seine Windel. Es müsste doch jedem klar sein, dass diese niemand aufgehoben hat. Gott will nicht, dass wir »heilige Dinge« anbeten oder an »heiligen Orten« Wunder erwarten. Das ist Götzendienst. Deshalb gab er seinem Volk das Bilderverbot.

Zwischen Jesu Tod und Auferstehung war die Zahl 39 bedeutungsvoll, 3 x 13, Anfang, Ende und Neuanfang. Die Drei tritt immer wieder auf. Um Petrus zu überzeugen, dass es für Gott keinen Unterschied zwischen den Menschen aller Völker gibt, erschien ihm drei Mal ein Gefäß mit für Juden unreinen Tieren, die er schlachten und essen sollte. Er weigerte sich und musste hören, dass sie vor Gott rein seien. Dann standen drei Boten eines Römers vor der Tür und baten ihn mitzukommen. Petrus nahm sechs christliche Freunde mit, wie er selbst vor der Gemeinde in Jerusalem erzählt (Apostelgeschichte Kapitel 11). Diese sieben Personen, die Zahl der Vollkommenheit, begannen mit der Heidenmission.

Gottes Ziel

Bevor er erlitt des Kreuzes Pein,
reichte Jesus ihnen Brot und Wein.
»Verliert mich nie aus eurem Sinn.
Nur euretwegen geb ich mich hin.

Ich kam herab als Himmelsbrot,
denn eure Seelen leiden Not.
Ich bin der Weinstock, ihr die Reben.
Wein wird es in alle Ewigkeit geben.

Ich öffne die Tür, die bisher verschlossen.
Dafür wird mein Blut vergossen.
Der Tod wird bezwungen in Ewigkeit.
Euch gehört ewige Seligkeit.«

Freudenjubel rings erklingt,
jeder gern das Tanzbein schwingt.
Gutes Essen und auch Wein,
wo mag dieses Fest wohl sein?

Es singen laute Jubelchöre
Lob und Preis dem Herrn zur Ehre.
Weit entfernt von jedem Leide
leben alle hier in Freude.

Ewig dauert dieses Fest,
das Gott für alle ausrichten lässt,
für seine Kinder, die verloren,
durch seinen Geist aber neu geboren.

Gott, liebender Vater

Zum Volk Gottes gehört nicht nur sein auserwähltes Volk Israel, sondern alle, die Jesus Christus als ihren Retter kennen. Sein Blut wurde für alle vergossen. Sein Kreuz überbrückt den Abgrund für alle, die dies im Glauben annehmen. Sie nannten sich ziemlich bald Christen und im Laufe der Zeit entstanden verschiedene Religionen dieses Namens. Unabhängig davon dürfen sie Gott Vater nennen. Zu dieser persönlichen Entscheidung hat jeder die Freiheit.

Christen berufen sich auch auf den jüdischen Stammvater Abraham. Der Apostel Paulus weist in seinen Briefen darauf hin, Abraham sei nicht durch die Einhaltung von Gesetzen, sondern durch den Glauben **auf Grund der Verheißung** Vater vieler Völker geworden. Allein der Glaube führt zur Gerechtigkeit Gottes. Im Brief an die Galater erklärt er, Gott habe nicht von allen Nachkommen Abrahams gesprochen, durch die die Welt gesegnet werde, sondern von

dem Nachkommen. Das sei Jesus. Diese Verheißung sei nicht durch das Gesetz aufgehoben worden, das erst 430 Jahre später ergangen sei.

Biologisch gesehen ist die Geschichte Gottes mit seinen Kindern unmöglich. Über das gebärfähige Alter hinaus oder ohne männliches Mitwirken kann eine Frau auf natürliche Weise nicht schwanger werden. Künstliche Befruchtung gab es zu biblischen Zeiten noch nicht; aber auch dafür werden die Eizellen einer Frau und das Sperma eines Mannes benötigt. Im Bedarfsfall bediente man sich damals einer Sklavin als Leihmutter. Das ist keine Erfindung unserer Zeit, funktioniert jetzt aber technisiert. Sarah hatte die Idee, ihre Sklavin Hagar als Leihmutter zur Verfügung zu stellen, und verzögerte damit Gottes Plan. Ihm war und ist nichts unmöglich.

Trotz ihres hohen Alters empfing Sarah **auf Grund des Glaubens** die Kraft, noch Mutter zu werden, schrieb der Apostel Paulus. Mit diesem Glauben war es lange Zeit nicht weit her. Sarah lachte ungläubig, als der Bote Gottes ihre späte Mutterschaft für das kommende Jahr voraussagte. Trotzdem geschah es, weil Gott es so wollte, und nun hatte Sarah Grund zu einem glücklichen Lachen und glaubensvoller Dankbarkeit gegen Gott.

Der auf natürliche Weise gezeugte Sohn der Sklavin wurde später als Vorfahr des Propheten Mohammed angesehen, sodass sich die Moslems ebenfalls auf Vater Abraham berufen. Auch die Nachkommen der Söhne Keturas stammen von Abraham ab und alle daraus entstandenen Völker können ihn Vater nennen. Doch der Abraham verheißene Segen Gottes für alle Völker wirkt sich nur durch den Glauben an seinen durch Maria geborenen Sohn aus.

Wieder heißt es, es war biologisch unmöglich und ist deshalb nicht glaubwürdig. Marias ersten Sohn könne nur ihr Ehemann Josef gezeugt haben, allerdings schon in der Verlobungszeit. Wäre das richtig, wäre Jesus tatsächlich nur ein Prophet gewesen, wie es der Islam lehrt. Davon gab es vorher schon genug, ohne dass die Menschen Gott nähergekommen wären.

Nun kann man einwenden, auch Jesus habe die Welt nicht wirklich verändert. Das stimmt oberflächlich gesehen. Er schuf nur die Möglichkeit zur

Heimkehr in die Ewigkeit. Weder Gott noch Jesus treffen Entscheidungen gegen den menschlichen Willen. Jesus zerbrach die Macht des Todes und öffnete die Tür für alle, die wie Abraham und Sarah an Gottes Zusage und Treue glauben. An diesem Glauben mangelt es Christen ebenso wie allen anderen Menschen, obwohl wir von der Zeitenwende sprechen, vor und nach Christi Geburt.

Auf Maria bezogen schwanken wir zwischen zwei Extremen. Sie war eine fromme jüdische Frau, deren erstes Kind Jesus in der Verlobungszeit gezeugt wurde. Als Josefs Ehefrau gebar sie weitere Söhne und Töchter. Der Erstgeborene wurde ein Wanderprediger, der mit seiner Mission scheiterte. Er wurde von seinem Freund verraten und den Römern zur Kreuzigung ausgeliefert. Ende der Geschichte.

Die andere Variante wurde zur Religion. Maria war danach kein normal gezeugtes Mädchen und wuchs ohne Sünde auf. Schon ihre Mutter war eine Heilige. Das ergibt sich aus Legenden späterer Jahrhunderte. Sie soll jungen Müttern als Vorbild dienen für ein Gott wohlgefälliges Leben im Haus, bei der Kindererziehung und allen anfallenden Arbeiten für die Familie, die sie fröhlich, tugendhaft und gehorsam erledigen sollen. Unter ihrer Fürsorge konnte Maria sündlos aufwachsen und Gott erwählte sie wegen dieser Heiligkeit. Sie brachte Jesus als Jungfrau zur Welt und blieb es auch. Der ihr angetraute Josef berührte sie nie. Weitere Kinder hatte sie deshalb nicht und wurde später als Mutter Gottes in den Himmel aufgenommen, um bei ihrem Sohn Jesus auf dem Thron zu sitzen.

Biblisch ist beides nicht, die religiöse Version sogar Missachtung des ersten Gebots. Maria ist in einer normalen jüdischen Familie aufgewachsen und war tatsächlich Josefs Ehefrau und Mutter seiner Kinder. Sie führten in Nazareth ein ganz normales Familienleben. Ihr erstgeborener Sohn wurde aber nicht von Josef, sondern vom Heiligen Geist gezeugt. Er wuchs ganz normal auf und Maria war nicht heiliger als alle anderen, die Jesus als Erlöser erkennen und annehmen.

Gott wusste von Anfang an, die Menschen würden sich aus der Partnerschaft mit ihm lösen, obwohl er dies mit dem Tod bedrohte. Er plante deshalb eine Möglichkeit ein für den Weg zurück ins Paradies. Er versprach Eva einen Nachkommen, der um der

Gerechtigkeit willen den Tod besiegen werde. Er werde der Schlange den Kopf zertreten, **Evas Nachkomme**, nicht Adams.

Adam brachte den Tod in die Welt, schrieb der Apostel Paulus. Durch Jesus Christus werden alle lebendig, die an ihn glauben.

Gott wollte als Menschensohn das Heilsversprechen an Eva am Kreuz erfüllen. Er wählte das Mädchen Maria, damit sie seinen Sohn Jesus zur Welt brachte. Um ihr Frauenleben nicht zu zerstören, wahrte er den Schein der Gesetzlichkeit. Ohne Sünde blieb allein das Kind. der Sohn Gottes. Mutter Maria und Stiefvater Josef lebten mit ihren weiteren Kindern als normale Familie im jüdischen Glauben. Nicht auf sie berufen sich Christen als Stammeltern, sondern allein auf Jesus Christus.

Gott hat die Naturgesetze geschaffen und kann sie folglich auch ändern, zumindest im Einzelfall. Biologisch unmöglich ist nicht nur die Geburt eines Kindes ohne männlichen Samen, sondern erst recht die Auferstehung eines Toten. Das aber war das Entscheidende. Der Mensch gewordene Gott starb, um durch die Hölle zu gehen und den Tod zu besiegen. Danach zeigte er sich noch einmal in seiner irdischen Gestalt als Beweis für die Wahrheit dieser unglaublichen Tat.

Bei der Heimkehr in die unsichtbare Welt wurde sein Leib in den himmlischen verwandelt, den auch wir bekommen, wie es der Apostel Paulus ausdrückte. Unseren jetzigen Körper brauchen wir nicht über den Tod hinaus. Deshalb begraben wir die Verstorbenen, dass sie in der Erde verwesen, oder wir verbrennen sie. Unsere unsterbliche Seele kehrt heim in die Ewigkeit.

Ausgerechnet diejenigen, die die Wissenschaft über den Glauben stellen, halten es für möglich, dass eine eingefrorene Leiche durch menschliches Können eines Tages wieder lebendig werden kann, und es auf der Erde ein ewiges Leben gibt. Wozu eigentlich?

Die sich ein Einfrieren nach dem Tod leisten konnten, können uns ihren schrecklichen Irrtum leider nicht mitteilen. Während ihr Leib bis zum Ende der Zeiten im ewigen Eis ruht, ist ihre Seele, die den Körper beim Sterben verließ, in der Ewigkeit angekommen, fern von Gott in der Finsternis. Es gibt keine

Rückkehr nach dem Tod. Diese Frage hat Jesus im Gleichnis vom reichen Mann und armen Lazarus ganz klar beantwortet.

Christliche Freiheit

Die Freiheit, über das eigene Leben
selbst zu entscheiden, hat Gott uns gegeben
von Anfang an ohne Unterschied.

Zwar stellte er Regeln für alle auf,
die begleiten sollen den Lebenslauf,
doch gezwungen wird niemand.

Der Mensch hat Verstand zu unterscheiden,
kann die Folgen bedenken und vermeiden,
wenn sie ihm nicht gefallen.

Gott ist Liebe und liebt seine Kinder.
Von ihm entfernt nennt man sie Sünder.
Das wollte er ändern.

Er wurde Mensch in seinem Sohn,
trug selbst alle Strafen, ließ uns den Lohn.
Entscheiden müssen wir immer noch selber.

Null minus plus

Grundlage der Welt ist die Mathematik. Jede Zahl hat für Gott eine Bedeutung. Die Urformel, nach der sich alles entwickelt hat und immer noch funktioniert, bleibt jedoch Gottes Geheimnis. Darüber hinaus handelte Gott, indem er sprach. Er schuf lebendige Wesen mit Geist, Verstand und Gefühl. Liebe ist niemals ein Rechenfaktor.

Inzwischen haben die Menschen die Bedeutung der Zahlen erkannt und die digitale Welt entdeckt. Nun möchten sie Maschinen mit Bewusstsein erschaffen; aber kein Wissenschaftler kann sagen, was das genau ist. Das Denken und Fühlen eines Menschen lässt sich nicht in Zahlen ausdrücken, doch nur sie verarbeiten die Rechner. Sie sind superschnell und sollen auf jede Frage in kürzester Zeit die logisch allein richtige Antwort finden. Die Algorithmen werden dazu mit allen nur denkbaren Aussagen programmiert. Eine

Antwort auf ungelöste Lebensfragen im Einzelfall kann die Verarbeitung dieser Eingaben aber nicht geben.

Gott lässt sich nicht berechnen, die Seele seiner Geschöpfe auch nicht. Gott ist und bleibt **eins** in der Dreieinigkeit, eins hoch drei. Für ein Computer-Programm unerreichbar.

Die **Zwei** bezieht sich auf die Polarität der Schöpfung, die sichtbare und die unsichtbare Welt, Licht und Finsternis, Tag und Nacht, die Paarung der Lebewesen, das Gegenüber von Mann und Frau, den Bund zwischen Gott und Mensch. Auf Grund der Reihenfolge der Schöpfung ist die Zwei weiblich.

Die **Drei** ist die Schöpferkraft in der Fortpflanzung, das Glaubenserbe der Erzväter Abraham, Isaak und Jakob und als Dreieinigkeit von Vater, Sohn und Heiligem Geist die **göttliche Vollkommenheit**.

Die **Vier** ordnet die Welt in den Himmelsrichtungen und den Jahreszeiten örtlich und zeitlich.

Die **fünf** Bücher der Weisungen Gottes brachten eine völlig neue Sicht der göttlichen Ordnung mit dem Hauptgebot der Liebe. Die heidnischen Götter stellten Forderungen und verlangten sogar Menschenopfer, ein Gräuel für den Schöpfer-Gott. Er liebt die Menschheit und kennt ihre Unvollkommenheit.

Am **sechsten** Tag wurde Gottes Werk mit der Erschaffung des Menschen abgeschlossen, und zwar nach seinem Bilde zweiteilig, nämlich männlich und weiblich.

Den **siebten** Tag erklärte Gott zum Ruhetag und heiligte ihn. Jedes siebte Jahr sollte ein Sabbatjahr sein, alle sieben mal sieben Jahre sollte ein Erlassjahr eingehalten werden. Deshalb ist auch die **Sieben** eine Zahl der Vollkommenheit. Sie ist die **vierte**, also allumfassende, nur durch sich selbst teilbare Zahl. Als Symbol des Lebensbaums ließ Gott durch Mose einen siebenarmigen Leuchter aus reinem Gold anfertigen, der der ganzen Welt leuchten soll.

Auch im Zusammenleben der Menschen spielt die Sieben als Symbol für die Vollkommenheit eine Rolle. Zum engsten Freundeskreis Jesu gehörten **sieben**

Frauen. Sie sind seit Beginn der Welt als Lebensspenderinnen ins Schöpfungsgeheimnis eingebunden.

Die Sieben gilt auch als magisch und kommt häufig in Märchen und Mythen vor. Rom wurde auf sieben Hügeln erbaut und sollte die ewige Stadt sein. Gewaltige und eindrucksvolle Gebäude, Tempel und Paläste wurden errichtet für die Herrscher der Welt. Doch Hochmut kam auch hier vor dem Fall. Zu bewundern sind nur noch Ruinen. Die Stadt gibt es zwar noch, das römische Weltreich schon lange nicht mehr. Auch für das Ende der Welt, das Johannes in der Offenbarung voraussah, spielt die Sieben die Hauptrolle.

Am **achten** Schöpfungstag erfuhr der Mensch seine Bestimmung. Gott entließ seine Kinder in die Freiheit und gab ihnen die Verantwortung für sich und die Welt. Am achten Tag beginnt immer noch die neue Woche und erinnert an den Neuanfang Gottes mit den Menschen, zuletzt durch Jesu Auferstehung. Der zwischen Gott und Abraham geschlossene Bund wird am achten Tag nach der Geburt eines Kindes mit dem Zeichen der Beschneidung bestätigt.

Die **Neun** ist geheiligt als drei mal drei und damit sind es auch die neun Monate der Schwangerschaft.

Zehn ist allumfassend und die erste Stufe von Vielheit wie 100, 1000 usw. Das Zählen und Rechnen begann mit unseren zehn Fingern. Gott sprach zehn Mal, als er die Welt schuf, und gab seinem Volk am Sinai zehn Ansagen, die wir Gebote nennen, als Grundlage seines Bundes. Sie wurden von Moses zum Gesetz ausgebaut. Für Christen ist die Zehn ein Glaubensbekenntnis, da das römische Zahlzeichen X als Kreuz gedeutet werden kann und der erste Buchstabe von Xristos ist.

Von der **Elf** ist keine göttliche Bedeutung bekannt. Es sei denn, man zerlegt sie in zehn plus eins, ewig vollkommene Gottheit.

Die **Zwölf** gilt als Vollzahl der Kinder Gottes. Jesus berief zwölf Jünger des auserwählten Volkes als Vertreter des ersten Bundes mit Gott. Sie werden mit ihm und zwölf weiteren Vertretern der Menschheit am Ende der Zeit die Welt richten.

Nach zwölf Monaten ist das Jahr zu Ende und **dreizehn** der Neubeginn. Jesu Lebenslauf endete mit drei mal dreizehn Stunden im Totenreich. Danach war er noch neununddreißig Tage auf der Erde sichtbar als Zeichen des Neubeginns des Lebens für die ihn erkennenden Gotteskinder.

Jesus benutzte die Zahlensymbolik in vielen Handlungen und in seinen Gleichnissen und sagte selbst, dass er zuweilen in verhüllter Rede spreche. Die Deutung überließ er seinen Zuhörern. Er erwählte sich nicht nur zwölf Jünger als Vertreter der zwölf Stämme Israels, sondern mindestens noch siebzig andere als Botschafter. Er sandte sie mit Vollmacht in die Dörfer ringsumher, lange bevor er seinen Nachfolgern auftrug: Geht hin in alle Welt und verkündet meine Botschaft.

In einigen Übersetzungen und zu Grunde liegenden Handschriften ist von 72 ausgesandten Jüngern die Rede, um die allumfassende Bedeutung noch besser hervorzuheben. Vor dieser großen Gruppe sandte er schon die 12 vor sich her. Es war also die zweite Aussendung im Rahmen der Dreieinigkeit und bezog sich nicht nur auf die Tage der Verkündigung, sondern auch auf die Nächte, für die sie jeweils zu zweit um Aufnahme in die Häuser bitten mussten. 2 x 3 x 24 = 72. Von einigen Auslegern wird in diesem Zusammenhang auch die Fünf gestellt. 72 ist ein Fünftel des Kreisbogens, ein Hinweis, dass die ganze Schöpfung erfasst werden soll.

Die drei Gleichnisse vom verlorenen Schaf, Groschen und Sohn ergeben dagegen erschreckende Erkenntnisse. Als Jesus zu lehren begann, suchte er zuerst nach den verlorenen Schafen seines Volkes. 99 % fühlten sich als Auserwählte Gottes gut versorgt auf ihrer religiösen Weide. Doch nach einiger Zeit waren es schon zehn Prozent, denen etwas fehlte. Inzwischen lebt die Hälfte der Menschheit in der Gottesferne. Bestätigt wird dies im Gleichnis von den zehn Jungfrauen. Nur fünf durften an der Hochzeit teilnehmen. Die fünf anderen hatten das Öl für ihre Lampen vergessen. Fünfzig Prozent der Menschen schließen sich durch ihre Nachlässigkeit selbst aus vom himmlischen Hochzeitsfest.

Von den zehn Aussätzigen, die geheilt wurden, kehrte nur der Samariter zu Jesus zurück. Er hatte sie zu den Priestern geschickt, ihre religiöse Pflicht zu erfüllen. Jesus erwartete außerdem Glauben, doch 90% genügte die Religion.

Die beiden Geschichten über die Brotvermehrung werden oft als eine gesehen, die wegen der Wichtigkeit des Teilens mehrmals aufgeschrieben worden sei. Doch Jesus fragte seine Jünger: *Als ich die fünf Brote brach unter die fünftausend, wie viel Brocken hobt ihr auf? Sie antworteten: zwölf.* Er wollte nun wissen: *Und die sieben unter die viertausend? Sie sprachen: sieben.* Jesus war sicher traurig, als er danach sagte: **Begreift ihr denn nicht?**

Ich denke, er meinte die Zahlensymbolik. Die unteilbare Fünf ist die Zahl der Liebe Gottes, die Vier Sinnbild der Welt, beide in die Vielheit erhoben. Zusammen bedeuten sie, alle Menschen sind eingeschlossen in Gottes Liebe. Zwölf Körbe verweisen auf die zwölf Stämme des Volkes Israel, denen Gottes Liebe zuerst verkündet werden musste. Sieben ist als unteilbare heilige Vollzahl Hinweis auf Himmel und Erde als Ganzes. Außerdem ergibt das Zahlenverhältnis: Weniger Menschen erhielten mehr Brot und es blieben weniger Reste. Je weniger jemand einer

Religion zugewandt ist, desto mehr vermag er von der göttlichen Wahrheit aufzunehmen.

Das letzte Zahlzeichen heißt **unendlich** und umfasst jedes Wissen über Gott und die Welt. Es ist der Schlusspunkt der Urformel mit dem Kreuz in der Mitte.

Jesus beendete seinen irdischen Aufenthalt am See Genezareth oder Tiberias, dem See der **sieben** Quellen, wie er ihn begann mit einem Fischfang. Es war das **dritte** Mal, dass er sich nach Ostern offenbarte. Die ungewöhnlich großen Fische wurden gezählt. Es waren **153**, also 12 x 12 + 3 x 3, absolute Vollkommenheit. **Jesu irdische Aufgabe war erfüllt.**

Alles, was der Mensch tut im Leben, hat einen Zahlenwert minus oder plus. Der Grund aller menschlichen Handlungen ist meist derselbe: sich aus der Masse hervorzuheben. Ob es gut ist oder böse wird registriert. Das Ergebnis am Lebensende ist bestenfalls eine Null mit einer letzten Entscheidungsmöglichkeit. Meist wird die Zahl im Minusbereich sein und gebraucht wird der Retter, der dies Zeichen durchkreuzt. Auch mit größter Anstrengung schafft es niemand allein, in die ewige Herrlichkeit zu Gott zu gelangen, und nach dem Lebensende geht nichts mehr. Es bleibt nur die Finsternis der Gottesferne. **Rien ne va plus**.

In Gottes Hand

Die ganze Welt ruht in Gottes Hand.
Er hat das Sternenzelt über sie gespannt.
Das kleinste Wesen ist ihm bekannt.
Gott selbst lebt in der Ewigkeit.
Für die Menschen schuf er die Zeit.

Herrschaft über das All erstreben
die Menschen in ihrem kurzen Leben.
Sie wollen sich über Gott erheben.
Es wird ihnen nicht gelingen,
die Grenze zu überspringen.

Im Weltall drehen sie viele Runden,
haben Gott aber nicht gefunden.
Ihn brauchen sie, um zu gesunden,
um die Grenze zu überschreiten
von der Zeit in die Ewigkeiten.

Unendlich viele verschiedene Leute
lebten in der Welt bis heute.
Satan hätte sie gern als Beute.
Er denkt sich aus ganz viele Sachen.
Doch gegen Gott kann er nichts machen.

Immer noch Gott die ganze Welt
in mütterlichen Händen hält
und weiss, wann sie zusammenfällt.
Wenn zu Ende ist die Zeit,
gibt es nur noch die Ewigkeit.

Bisherige Veröffentlichungen bei BoD:

Brigitte Welters:

<u>Maria und das Einhorn</u> (ISBN: 978-3-7543-7387-3)

Maria war ein jüdisches Mädchen, das vor mehr als 2000 Jahren lebte. Sie wurde von Gott auserwählt, seinen Sohn zu gebären, in dem er selbst Mensch wurde.

Das Einhorn ist ein Geistwesen und galt in der mittelalterlichen Kirche als Symbol der Keuschheit. Im vorliegenden Buch begegnen sich beide im Himmel.

<u>Mütter vieler Völker</u> (ISBN: 978-3-7568-3225-5)

Auch das zweite Buch der Autorin beim BoD-Verlag bezieht sich auf die Bibel. Diesmal hat es nicht die Form eines Märchens. Es ist eher ein Sachbuch über die Entstehung der Völker und Gottes Liebe. Grundlage der Schöpfung ist die Mathematik. Der Mensch als Teil der Natur ist Gott ähnlich durch Sprache, Verstand und Freiheit. Die Herrschaft des Mannes ohne Beteiligung von Frauen ist nicht von Gott gewollt. Ohne Frauen geht nichts.

Laura Kister:

<u>Monster in mir</u> (Psychothriller) (ISBN: 978-3-7543-3290-0)

Nachdem Clary aufgrund psychischer Erkrankungen mehrere Morde begeht, landet sie in einer Forensischen Psychiatrie. Mit allen Kräften versucht sie sich gegen die Therapien und die Gefangenschaft zu wehren und kämpft um ihre Freiheit. Komplett auf sich gestellt, versucht sie zu überleben, denn sie hegt einen tiefen Hass gegen alle anderen, mit denen sie immer wieder aneinandergerät.

Als eine neue Patientin auftaucht, scheint es, als könnte sich alles zum Besseren wenden. Aber ist das wirklich real oder trügt der Schein? Wartet vielleicht schon der nächste Schicksalsschlag, das nächste Drama auf Clary, um ihr den Boden unter den Füßen zu entreißen?

<u>Because I love you</u> (Roman) (ISBN: 978-3-7557-0055-5)

Zoe liebt ihre kleine Schwester Sky über alles und kümmert sich aufopferungsvoll um sie, denn sie hat eine schlimme Diagnose: Leukämie. Die jahrelange Chemotherapie scheint nicht richtig anzuschlagen, doch Zoe hat Hoffnung, dass Sky wieder gesund wird, denn was würde sie ohne ihre Schwester tun?

Und dann ist da noch ihr Nachbar Jason, der in Zoes Klasse geht und sie ständig mit blöden Kommentaren nervt. Verbirgt sich hinter seinem scheinbar arroganten Äußeren vielleicht eine liebenswerte Seite? Kann sich Hass in Liebe verwandeln und die beiden zueinander finden lassen?